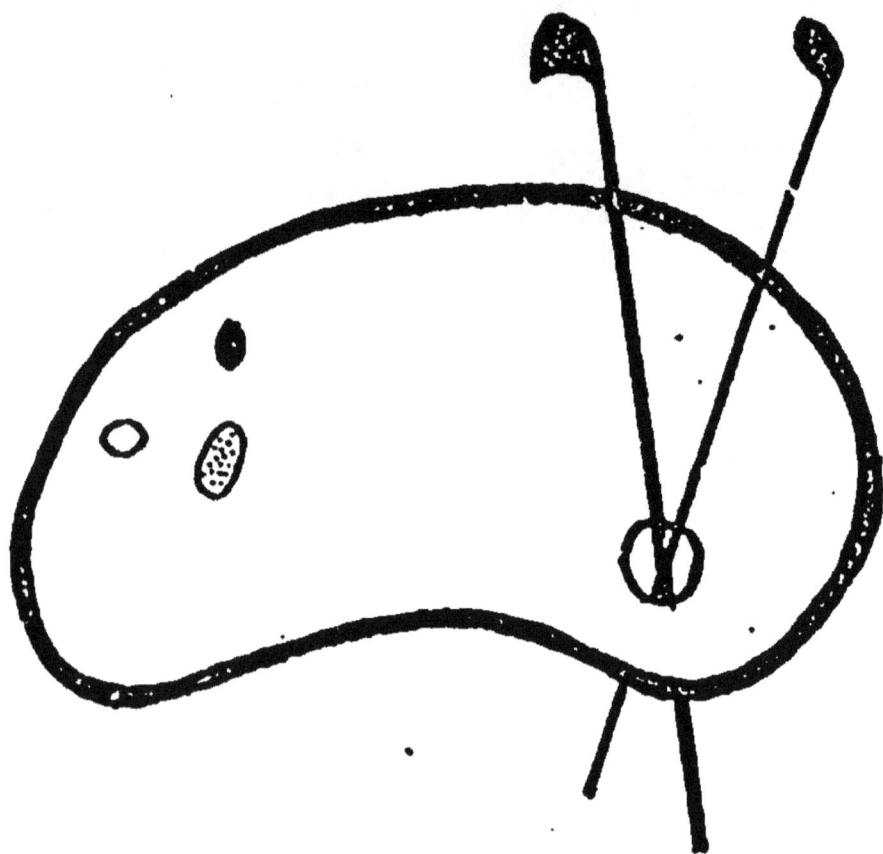

DEBUT D'UNE SERIE DE DOCUMENTS
EN COULEUR

BERGERAC

(Résumé historique)

SES

HÔTES ILLUSTRES

CHARLES IX

ROI DE NAVARRE

LOUIS XIII

Félix FAURE

PROGRAMME OFFICIEL DES FÊTES

des 3 & 4 Juin 1895.

PRIX 25 CENTIMES

BERGERAC

IMPRIMERIE GÉNÉRALE DU SUD-OUEST (J. CASTANET)

3, rue Saint-Esprit, 3

—

M DCCC XCV

Kola-Guy

TONIQUE — APERITIF

Seuls Concessionnaires : L. PÉLALO & Cⁱᵉ

ANISETTE MÉRIDIONALE

Lᵣ PÉLALO BERGERAC

Bergerac. – Imprimerie Générale (J. CASTANET), 3, rue Saint-Esprit.

294

Seizième année. — Nᵒ 1488.

LE NUMERO 10 CENTIMES

Samedi 8 Juin 1895.

L'ÉCLAIREUR DE BERGERAC

ANCIEN *ECLAIREUR DE LA DORDOGNE*

CATHOLIQUE, POLITIQUE, AGRICOLE

Paraissant le Mercredi et le Samedi

ABONNEMENTS

12 francs par an pour la
Dordogne et
Départements limitrophes

ANNONCES

2ᵉ page,	0,50 cent. la ligne.
3ᵉ —	0,25 —
4ᵉ —	0,15 —

L'ÉCLAIREUR RÉUNIT TOUTES LES CONDITIONS POUR L'INSERTION DES ANNONCES JUDICIAIRES

Gérant, M. J. CASTANET

ON S'ABONNE :

AUX BUREAUX, 3, RUE SAINT-ESPRIT, A BERGERAC

PRIME DE JUIN | Cette attitude ne provient pas ; de 25 à 30 fr., soit 300 ou 360 fr. ; mais bien pour faire les petites ! « Le gouvernement du 24 ma

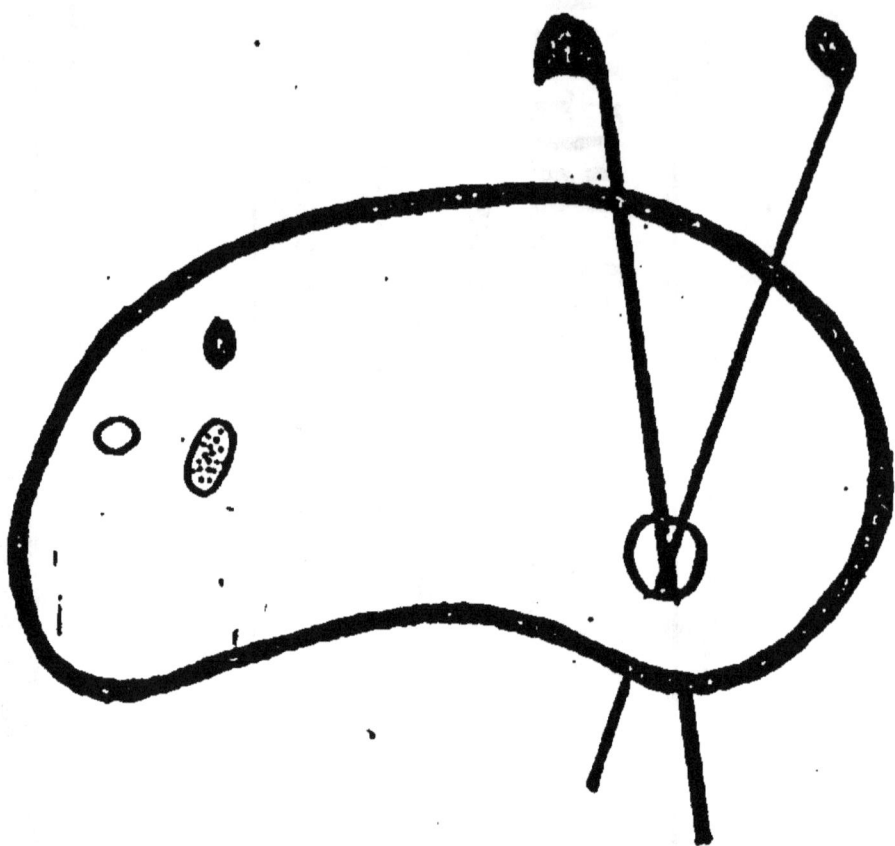

FIN D'UNE SERIE DE DOCUMENTS
EN COULEUR

VILLE DE BERGERAC

GRANDES FÊTES
DES 3 ET 4 JUIN

à l'occasion du voyage de

M. LE PRÉSIDENT DE LA RÉPUBLIQUE

PROGRAMME

Le Lundi 3 juin, à partir de 3 heures

Concerts sur les différentes places de la ville par les Sociétés musicales

A 4 heures

DISTRIBUTION DE SECOURS AUX INDIGENTS A L'HOTEL-DE-VILLE

A 7 heures

SALVES D'ARTILLERIE et SONNERIE des CLOCHES des 3 ÉGLISES

A 8 heures

FESTIVAL-CONCERT SUR LE JARDIN-PUBLIC

A 9 heures

Grand Bal Populaire
SUR LE JARDIN-PUBLIC

Le Mardi 4 juin à 9 heures du matin
Salves d'Artillerie et Sonnerie des Cloches

RÉCEPTION DE M. FÉLIX FAURE

Présentation à la Gare
des Autorités et des Corps constitués

ITINERAIRE DU CORTÈGE

Le Cortège suivra l'avenue de la Gare, la rue Neuve-d'Argenson, les boulevards Maine-Biran et Montaigne, place Gambetta, rue du Marché (arrêt à l'arc-de-triomphe des Tonneliers), Monument des Mobiles (arrêt), rue Neuve-d'Argenson (arrêt à l'hôpital), le Pont, place de la Madeleine, rue du Temple, Hospice des Vieillards (arrêt), boulevard de Monbazillac, Ecole (arrêt), rue de La Madeleine, le Pont, rue Neuve-d'Argenson, rue Malbec, nouveau Hôpital (inauguration), rue Malbec, rue Neuve-d'Argenson, les Boulevards, cours Alsace-Lorraine, la Gare, Départ.

A 2 heures

Défilé des Sociétés Musicales

Itinéraire
Le Modeleine, le Pont, Rue Neuve, rue du Marché, place Gambetta

A 3 heures

RÉGATES INTERNATIONALES

SUR LA DORDOGNE

A 8 heures

Concert par la Musique du 108e — Illuminations du Jardin-Public
place Gambetta, rue du Marché et rue Neuve.

A 9 heures 1/2, FEU D'ARTIFICE

A 10 heures

Grand Bal Populaire

SUR LE JARDIN-PUBLIC

Pendant les deux jours toutes les Fêtes
seront gratuites

La Compagnie d'Orléans a organisé des trains arrivant à Bergerac
avant le train présidentiel.

PROGRAMME OFFICIEL

DES

RÉGATES INTERNATIONALES

DU 4 JUIN 1895

*Organisées à l'occasion de la Visite de M. le Président
de la République à Bergerac*

TOUTES LES COURSES SONT EN CONSTRUCTION LIBRE
ET SANS DROITS D'ENTRÉE

:o:

PREMIÈRE COURSE

2 heures 1/2. — *2,000 mètres.* — *2 virages.*

2 avirons de pointe. — JUNIORS.

1er prix, 80 fr. — 2e prix, 60 fr. — 3e prix, 40 fr.

o

DEUXIÈME COURSE

3 heures. — *2,000 mètres.* — *2 virages.*

2 avirons de pointe. — SENIORS

1er prix, 100 fr. — 2e prix, 60 fr. — 3e prix, 40 fr.

o

TROISIÈME COURSE

3 heures 1/2. — *3,000 mètres.* — *2 virages.*

4 avirons de pointe. — JUNIORS.

1er prix, 150 fr. — 2e prix, 80 fr. — 3e prix, 40 fr.

QUATRIÈME COURSE

4 heures. — *2,000 mètres.* — *2 virages.*

Skiffs. — JUNIORS ET SENIORS RÉUNIS

1er prix, 50 fr. et une Médaille de Vermeil. —
2e prix, une Médaille d'Argent.

Prix spéciaux des Juniors : 1er de sa catégorie, un Objet d'Art. 2e une Médaille d'Argent.

---·◌·---

CINQUIÈME COURSE

4 heures 1/2 — **Bataux du pays.**

---·○·---

SIXIÈME COURSE

5 heures. — *3,000 mètres.* — *2 virages.*

4 avirons de pointe. — SENIORS

1er prix, 350 fr. — 2e prix, 150 fr. — 3e prix, 80 fr.

NOTA. — 1° La direction des Courses sera régie par un Jury.

2° Le tirage au sort des places aura lieu une heure avant la course, au garage du Sport.

3° Les départs se feront au piquet et à la descente, les virages seront sur babord. Tous les concurrents auront le même point de virage.

4° Les prix en espèces seront remplacés par des objets d'art à la demande des gagnants.

AVIS DE L'ÉDITEUR

En annonçant la publication de Bergerac
et ses Hôtes Illustres, *notre première intention avait été de publier une simple monographie de notre ville, mais l'intérêt des
documents que nous avons recueillis, grâce
à nos distingués collaborateurs et entr'autres au dévoué conservateur de nos précieuses
Archives, M. Gustave Charrier, nous a
engagé à sortir de notre premier cadre.*

*En effet, en présence de ces documents
inédits ou peu connus, et qui en outre,
n'avaient jamais été réunis dans une même
publication, croyons-nous, nous avons été
amené à changer le programme que nous
nous étions tracé ; et, au lieu de publier une
monographie de Bergerac, portant exclusivement sur le lieu, et les choses actuelles ou
disparues, nous donnons aujourd'hui un
résumé historique des événements nombreux,
qui se rapportent à notre cité.*

*Nous touchons bien quelque peu aux lieux
et aux choses, mais pas autant que nous
nous l'étions promis dans la monographie
projetée en premier lieu ; en revanche, nous
parlons davantage des hommes et des faits.*

Nous croirons avoir réussi dans notre

œuvre, si l'intérêt que nous ont témoigné nos nombreux souscripteurs se continue, comme nous l'espérons, à l'occasion d'autres œuvres sur Bergerac que nous avons l'intention de mettre bientôt à jour.

Reprenant sous peu l'idée première de notre monographie, nous pensons pouvoir offrir à nos concitoyens une autre publication sur notre ville. Ce nouveau travail dont nous avons déjà réuni les premiers éléments, intéressera trop tous les Bergeracois pour que nous croyons dores et déjà en annoncer la prochaine apparition.

C'est un devoir pour nous de l'annoncer à nos concitoyens qui, par leurs souscriptions, voudront bien, comme ils l'ont fait grandement aujourd'hui, nous aider à mettre en lumière tout ce qui a trait à notre chère cité.

BERGERAC

Propriété de l'Editeur.

Bergerac. — Imprimerie Générale du Sud-Ouest (J. CASTANET)

BERGERAC

(Résumé historique)

~~~~~~

SES

HOTES ILLUSTRES

Charles IX,

Roi de Navarre,

· Louis XIII,

Félix Faure.

~~~~~~~~~~~~~~

𝕻rogramme officiel des 𝕱êtes des 3 & 4 𝕵uin

BERGERAC

IMPRIMERIE GÉNÉRALE DU SUD-OUEST (J. CASTANET)

3, rue Sa'nt-Esprit.

—

M DCCC XCV

Le dragon que tu vois gravé dessus mes armes,
    Avec trois fleurs de lys,
Montre, quels ont estés aux guerres et vacarmes,
    Nos citoyens jadis !...
Pour le Roy, pour la Loy, pour la chère Patrie,
    J'ai toujours guerroyé,
Et, pour ces trois encore tout ce qu'auray de vie,
    Veux qu'il soit employé !

(Vers imprimés sur la première feuille
de l'*Inventaire général du Domaine*,
appartenant à la Communauté de la
ville, dressé en 1609.)

ue les autres villes se glorifient de leur ancienneté, qu'elles se vantent d'avoir vaincu et triomphé des nations, ce ne sont là que des monuments d'orgueil et de cruauté. Pour moi (Bergerac), jalouse d'une gloire plus pure, je n'en chercherai d'autre que par ma fidélité envers la couronne de France. Si j'ai eu le malheur d'en être séparée par les armes des Anglais comme par un tourbillon impétueux, j'ai saisi la première occasion de secouer leur joug en égorgeant leur garnison, et, par cette action héroïque, j'ai appris aux autres villes à recouvrer leur liberté.

(Note en latin imprimée à la page troisième de l'inventaire des Archives fait par Hélie Alba, avocat et maire de Bergerac, en 1609.)

POUR COMPLÉTER CET OUVRAGE

Dans la huitaine qui suivra les Fêtes, il en sera tiré sur papier spécial quelques exemplaires de luxe

NUMÉROTÉS

Contenant le compte-rendu officiel des Fêtes et les discours prononcés, et portant imprimé le nom de la personne pour qui l'ouvrage aura été tiré.

———

Le prix de la souscription a été fixé

A DEUX FRANCS

la faire parvenir avant le 8 juin, terme de rigueur, à l'Imprimerie Générale.

———

Cette édition spéciale ne sera pas mise en vente.

———

L'exemplaire nº 1 a été arrêté pour M. le Président de la République.

BERGERAC

(Résumé historique)

~~~~~~

I

BERGERAC

Brageyrack, 1100. — *Braiaracum*, 1116. — *Brajeracum*, 1122, — *Bragaac*, 1198. — *Brageyriacum*, 1207. — *Bragiaracum*, 1233. — *Bragayriacum*, 1238. — *Brageriacum*, 1254. — *Brivairiacum*, 1254. — *Berguerac*, 1379. — *Baggeriacum, Bragerac*, 1388. — *Bragueyrac*, 1455. — *Brageyrac*, suivant Froissart.

HEF-LIEU d'une sirerie importante, apanage au XII° et au XIII° siècles, des Rudel, branche des comtes de Périgord. Les châteaux de Badefols, Biron, Bridoire, Cugnac, Gardone, Moncuq, Mouleydier, et le territoire d'Issigeac en relevaient, 1273. (Hommage de Marguerite de Turenne, Justel. Liv. I).

Au XIV° siècle, la châtellenie de Bergerac, autrement dite de Moncuq, se composait des paroisses

suivantes : La ville avec les paroisses de Pont-Bone,
de Sainte-Foy-des-Vignes, de Saint-Jacques et de
Saint-Martin ; les paroisses du bourg de La Made-
leine, Bouniagues, Cours et Piles, Creysse, Faux,
La Force, Lembras Liversac et Saint-Caprais, an-
nexés, Lunas, Maurens, Monestier, La Chapelle de
Mons, Naussannes, Pont-Roumieu, Prigonrieu,
Queyssac, Ribagnac et Bridoire, Sadillac, Saint-
Agne, Saint-Aubin-de-Razac, Saint-Georges-de-Blan-
canès, Saint - Germain, Saint - Germain - le - Dros,
Saint-Jacques-de-Ginestet, Saint-Jean-de-Gardone,
Sainte-Lucie, Sainte-Marie-d'Eyraud, Saint-Sernin-
de-la-Barde, Singleyrac et Flaugeac, annexés, Ver-
don. (Lesp.).

Au xvᵉ siècle, siège de la justice royale, d'où
dépendaient les châtellenies de la Barde, Cahusac,
Eymet, le Fleix, La Force, Gurson, Lanquais, Lauzun, Maurens, Monrevel, Mouleydier, Puyguilhem
et Saucignac. — 52 paroisses entre le Drot et l'Ille,
La Linde et le Fleix, 1474. Avant la révolution,
siège de sénéchaussée, dont ressortaient 22 justices.

Au xivᵉ siècle, Bergerac faisait partie de l'archi-
prêtré de Villamblard ; siège d'un des cinq archi-
diaconés du dioc. et doyenné.

Pont sur la Dordogne au xiiiᵉ siècle, 1254. — Au
moyen-âge, Bergerac était le point le plus important
de la contrée, comme passage des pèlerins se rendant à Saint-Jacques et comme entrepôt des mar-
chandises du haut pays. En raison de l'affluence des
étrangers, un quartier hors les murs avait pris le
nom *del Pélégry*; dès le xiiᵉ siècle, il y avait un hôpital du Saint-Esprit ; commanderie de Saint-Antoine,
au bourg de La Madeleine, et maladrerie. — A
l'époque de la constitution du consulat, la ville se
composait de cinq quartiers dit *closfures*: un, *la Madeleine*, était sur la rive gauche de la Dordogne ; les
quatre autres, sur la rive droite, étaient enfermés
dans une enceinte à peu près carrée. Le principal,

dit *du Terrier*, Terrierii, 1462, était au centre, en dessous du château des sires de Bergerac et de leur chapelle Notre-Dame du Château ; là, l'Eglise Saint-Jacques, un hôpital dit *Pedolha*, et des moulins ; le deuxième quartier, *Burgus de capite Pontis*, s'étendait aux abords du pont, avec porte sur le faubourg de Clairac, autrement Maubourguet, où étaient les Minimes et ensuite les Cordeliers ; à l'angle opposé, le troisième quartier, *Boc Barreau, moun barrau, bourg barrau* ; la porte s'ouvrait sur le faubourg Montauriol, et là, l'hôpital du Saint-Esprit, les Carmes, la léproserie ; entre ces deux quartiers était le consulat et sa Tour dite de Malbec ; au troisième angle, le quartier *Prébostal*, qui s'étendait jusqu'à la rivière, c'était le moins peuplé ; une de ses portes dite Logadoyre, ouvrait sur le Mercadilh, où était l'Eglise Sainte-Catherine ; au nord étaient les frères prêcheurs, et, en arrière, le faubourg del Pélégry. Une autre porte du Prébostal donnait sur le faubourg Saint-Jean, et l'enceinte des murailles rejoignait la rivière à la hauteur de Bellegarde.

(Dictionnaire de Gourgues).

II

LES ORIGINES DE BERGERAC

IEN que l'histo:re ne parle point ou peu de la ville de Bergerac avant le vᵉ siècle, lorsque l'on consulte la légende ou la tradition, que l'on cherche à reconnaître dans la nomenclature primitive quelles furent les causes qui firent donner tel ou tel nom à tel lieu ou à tel objet, et que l'on étudie en même temps les vieux débris des monuments maintenant disparus, on s'aperçoit sans peine que l'origine de Bergerac, si elle ne se perd pas dans la nuit des temps, n'en remonte pas moins à une haute antiquité. Son nom même l'indique. D'après certains auteurs il signifie : *Colline au bord de l'eau ;* d'autres le font composer du mot celtique *Berg* ou *Brag,* berge, et du mot grec *akra,* pointe, élévation ; d'autres enfin de *Berg* et du latin *aqua,* eau. Toutes ces étymologies sont acceptables, mais la dernière me paraît la plus rationnelle, vu la position de la ville sur un plateau qui va s'inclinant vers les berges élevées de la Dordogne.

Ecoutons maintenant la légende :

A la première page d'un livre, imprimé à Bergerac, en 1598, par Gabriel de Courtaneuve, et dans lequel sont contenus les *us* et *coutumes* de cette ville, traduits du latin en français, par Estienne Trellier, conseiller en la cour du Parlement de Bordeaux, on trouve sous forme de dédicace à MM. les maires et consuls, l'intéressante légende que l'on va lire :

« Pensant a part moy quelle pouvoit estre la cause que la présente ville porte un dragon en ses armoiries, je suis tombé sur le récit que faict Antonin au premier tome de son histoire (titre vi, chap. xxvi, paragraphe 1er), touchant saint Front : C'est que ledict saint, estant chassé de Perigeux par la cruelle persécution de Quirinus, gouverneur, il se retira avec quelques chrestiens en un lieu escarté près la rivière de Dordoigne, auquel endroit y avoit un grand dragon et multitude d'autres serpens. Ce que voyant, ceux qui estoyent en sa compagnie furent esffrayés. Mais sainct Front pria le seigneur ardemment et avec telle efficace que lesdits dragon et serpens furent chassés et entièrement destruits. J'estime donc, et me persuade que les *habitans de Bragerac* ayant veu ce miracle si merveilleux, pour conserver la mémoire d'iceluy, voulurent qu'un dragon fuct pourtrait en leurs armoiries. A quoi mesmement il furent induits pour avoir esté endommagés par lesdicts serpens et furieux dragon, et s'en voyant délivrés par un bénéfice divin, par tel pourtrait ils jugèrent qu'eux et leurs successeurs seroyent incités à jamais de remercier Dieu. »

La note est terminée par cette judicieuse observation :

« Et je croy mesmes que ce miracle fut ung moyen pour ranger ceste ville au christianisme. »

On voit par ce qui précède, que Bergerac avait

une certaine importance, lorsque saint Front vint
évangéliser le Périgord, puisque après avoir converti
les habitants de cette ville, il en emmena quelques-
uns avec lui pour combattre l'idolâtrie représentée
dans la légende par le dragon symbolique. saint
Front mourut le 25 octobre, l'an 70. Voici en effet ce
que l'on trouve dans la vie de ce Saint :

« Ce même jour, à Périgueux, en France, mourut
saint Front, premier évêque et apôtre dudit lieu. Il
estoit françois de nation, natif de la même ville et
quoy qu'il eut été nourri et élevé dans le paganisme
par des parents idolâtres, néantmoins il avait une
inclination au bien et à la vertu, de sorte qu'estant
allé à Rome, il fut aisément converty à la foy de
Jésus-Christ, baptisé par l'apôtre saint Pierre, qui
l'ordonna en mesme temps évêque de sa ville, et l'y
envoya avec saint Georges, prestre, pour y prescher
l'Evangile. Comme] ils eurent fait trois journées de
chemin, saint Georges mourut. Ce qui fut cause que
saint Front retourna à Rome en porter la nouvelle à
saint Pierre, qui lui donna son bâton avec lequel il
ressuscita son compagnon. Estant arrivé à Périgueux,
plusieurs embrassèrent la religion chrétienne, etc.,
etc. Saint Front mourut le vingt-cinquiesme jour
d'octobre, l'an de Notre Seigneur environ septante,
sous l'empire de Domitien. »

Si l'on accepte la date de la mort de saint Front
donnée par son biographe, il s'ensuit forcément que
Bergerac existait avant l'avènement du Christ et que
dès lors, il est permis de supposer, en s'inspirant
toutefois de la signification des nombreux Menhirs et
Peulvans qui se trouvaient sur l'emplacement même
qu'occupe aujourd'hui la ville, que toutes ces
représentations druidiques de la divinité, ainsi
agglomérées, formaient un Kromleck, où les druides
venaient célébrer les mystérieuses évocations, et

que c'est là que s. Front vint prêcher pour les conver-
tir. Une chose aussi, digne de remarque et qui vient
à l'appui de ce que j'avance, c'est que sur la rive
droite de la Dordogne, les noms des lieux sont
d'origine celtique, tandis que ceux de la rive gauche
sont d'origine latine.

Ces menhirs et ces peulvans n'existent plus maintenant, mais des noms caractéristiques désignent
assez la place qu'ils occupaient autrefois. C'est
ainsi que nous trouvons dans l'intérieur même de la
ville la *Fon Peyre*, la fontaine de la pierre, aujour-
d'hui des cinq canelles, La *Peyre ouelha*, la pierre
de la brebis dont on a fait *Pedouille*. La *Crou Peyre*,
le trou de la pierre à Clairat. La *Peyre levade*, la
pierre droite qui était sur l'emplacement occupé par
les Récollets. *Pique Cailloux*, *Les Cailloux*, agglomération de peulvans, près de Pique-Cailloux ; le
moulin du Caillou, le *Peyrat*, etc., etc. Enfin le
pont de la Peyre, le pont de la pierre, au bousquet
qui prenait son nom d'un gigantesque menhir
nommé *le Saffroc*. Ce *Saffroc* se trouvait placé à
l'entrée d'un bassin qui servait de levée au moulin (1)
de ce nom, établi sur le ruisseau du Caudeau, à l'endroit dit du Saut ou de la Rompadure.

C'était dans ce bassin que venaient s'atterrir autrefois les bois (2) que l'on faisait descendre de Pon-
bonne à Bergerac, par le ruisseau. Les bois ainsi
conduits payaient à la ville une certaine redevance,
qui était inscrite au livre des recettes, comme un
des émoluments que l'on mettait chaque année aux
enchères (3).

---

(1) Lo qual jorn fo mostra als juratz dessus nompnatz del
Molinar del Saffroc de que es grando dissention entro lo coven
del Prezicadors et la vilo. (1385).

(2) Lo divendre en après anen a Pombono et menèren duos
grandos fustos al Saffroc (1393).

(3) Lo pas del Saffroc appertenen al cossolat no fu a nulh
assessas (1423).

Le menhir le Saffroc existait encore en 1586, il tomba au mois d'avril de cette année après les fortes gelées d'un hiver des plus rigoureux.

La tradition se trouve d'accord avec la légende pour démontrer que la ville de Bergerac existait déjà avant l'ère chrétienne. Il est en effet de croyance populaire à Bergerac, que le pont primitivement établi sur la Dordogne, fut bâti par les ordres de Jules César. Cette tradition qui s'est perpétuée jusqu'à nos jours, a continué à ce pont le nom de l'illustre conquérant, qui, comme on le sait, fut assassiné 114 ans avant la venue du Christ. S'il est permis d'avoir des doutes sur cette croyance, il n'en est pas de même pour le long séjour que les Romains firent dans nos contrées. Les débris de susbtruction romaine que l'on voyait naguère encore non loin des remparts de la ville, la grande quantité de monnaies gallo-romaines que l'on a trouvées dans les champs, les noms de formation latine donnés à certaines localités ne laissent aucun doute à cet égard. C'est ainsi que nous trouvons dans la haute plaine du côté de la rive gauche : *Campus Romanorum*, le camp des romains, Roumanière ; *Fons vadi*, fontaine du Gué, la Foncivade ; *Profondus Rivus*, Profond Ruisseau, Prigonrieux ; *Flexus Rivi*, Contour de la Rivière, Le Fleix ; *Rivus Latii*, le ruisseau du repos, le Rieu de Laysse, etc., etc. A Lamonzie Saint-Martin, non loin du *Rivus Latii*, se trouve une église évidemment de construction romaine ; près d'elle on a découvert il y a quelques années un de ces aqueducs rampants qu'à l'époque gallo-romaine les riches propriétaires pratiquaient dans leurs domaines, afin de se procurer des eaux de source purifiées par un long parcours. Ses murs latéraux sont construits en briques et revêtus intérieurement d'un ciment, parfaitement lisse, et recouverts de tuiles à rebords.

On a aussi découvert des fragments de mosaïque,

composés de petits cubes de deux lignes à deux lignes
et demie, assujettis avec du ciment, formant par leur
combinaison des figures géométriques ou d'élé-
gantes bordures; des tombeaux, des médailles et
des ustensiles divers ont été trouvés pareillement
dans les environs et recueillis par l'ancien maire de
Lamonzie, M. Géraud, qui les conserve précieu-
sement.

En outre, le calcul exact des distances, nous
apprend d'une manière positive, que la ville de Bergerac se trouve située sur l'emplacement de l'ancien
trajectus d'Antonin de la carte de Peutinger. Il est
donc tout naturel de penser qu'il existait sur le bord
du fleuve une station romaine qui servit de noyau à
l'agrandissement de notre ville, florissant déjà du
temps de Grégoire de Tours (550).

L'histoire qui, il est vrai, ainsi que nous l'avons
dit, ne parle de Bergerac que vers la fin du cin-
quième siècle, nous apprend que cette ville fut
ravagée par Euric, roi des Wisigoths (469);

Que, à peine remise de ses désastres, les Sarra-
zins, sous la conduite du célèbre Abdérame, la
livrèrent aux flammes après avoir emmené ses habitants en captivité (722);

Que Charlemagne la fit reconstruire et donna à
l'église un morceau de la *vraie croix* ; c'est sur cette
relique que plus tard les consuls et les jurats prêtaient serment lors de leur installation (769);

Que sous Charles le Chauve, les Normands, après
avoir saccagé la ville de Bordeaux, se divisèrent en
deux corps ; l'un remonta la Garonne, l'autre, ayant
pris Libourne d'assaut, fut camper à Puy-Normand,
sur les hauteurs qui séparent l'Isle de la Dordogne,
et, partant de là, s'empara de Castillon, Montravel,
Sainte-Foy, Bergerac, La Linde, dévasta et brûla le
monastère de Paunac (842).

C'est aussi vers cette époque (860), que les seigneurs de Bergerac, afin de s'opposer aux invasions des barbares, et protéger la navigation de la Dordogne, firent bâtir un château-forteresse. Il était situé sur l'emplacement qu'occupe aujourd'hui le quai, mais s'avançait davantage dans la rivière qui en baignait les murs et le protégeait du côté du midi. Au couchant ils avaient fait aussi construire une grosse tour crénelée pour servir de beffroi; plus tard, elle devint la prison de la ville.

MICHEL DUPUY.

(*Progrès* des 4 et 11 juin 1881).

✿✿✿✿✿✿✿✿✿

TELLES sont les origines de la ville de Bergerac, ainsi que l'observation, les légendes et les études permettent de les établir. On remarque que le savant M. Dupuy, auteur du précédent chapitre, a dû chercher presque en dehors des documents historiques, et son œil pénétrant a vu au travers de la nuit des temps, pour fixer l'origine celtique et les commencements druidiques de notre Cité. La conquête romaine, le passage et le séjour de l'apôtre saint Front (1), enfin l'invasion nor-

(1) Une légende locale fait naître saint Front à Lanquais, près La Linde. La vérité est que saint Front naquit en Lycaonie, au royaume de Cappadoce dans l'Asie-Mineure, de Siméon et de Frontonia ; il fut baptisé par saint Pierre. La tradition le met au rang des apôtres, mais il ne fut qu'au nombre des 72 disciples du Christ ; il servit saint Pierre à Rome, d'où il vint en Gaule avec saint Georges. Ce dernier mourut et la tradition le fait ressusciter

mande, sont les diverses phases qui précédèrent l'organisation féodale, puis consulaire de notre ville.

Les documents suivants vont faire connaître d'une manière exclusivement historique ce qu'a été Bergerac après le siècle de fer.

par saint Front. Arrivé chez les Pétrocoriens, saint Front ruina le temple de la déesse de Vésone et délivra les habitants de Diolindum d'un dragon (*lou Coulobri*), en le terrassant et le précipitant dans la Dordogne. Il édifia l'église de saint Front à Périgueux et d'autres sanctuaires. Persécuté à Vésone par le gouverneur romain Quirinus, qui se convertit ensuite et se fit baptiser par saint Front, l'Apôtre parcourut la Saintonge, la Guienne, la Normandie, le Beauvaisis, l'Auvergne, Tarascon, et revint à Périgueux en passant par Toulouse et Agen. Il mourut en l'an 70.

Les reliques de saint Front restèrent à Périgueux jusqu'aux guerres de religion.

Le 6 août 1575, la ville de Périgueux fut prise par les protestants et les églises furent pillées. Dans le pillage de Saint-Front, la châsse du corps de saint Front et sa médaille devinrent dans le butin la part du capitaine de Jaure et de Lapalanque, ancien gabarrier à Bergerac. Transportée par Jaure en son château de Tiregand, la châsse y fut fondue et les ossements du saint furent jetés dans la Dordogne...

III

RÉSUMÉ HISTORIQUE

L'ANTIQUITÉ de notre cité est in-contestable, quoique l'histoire, à part l'itinéraire d'Antonin qui confond Bergerac avec l'ancien *Trajectum* romain, ne nous fournisse des documents qu'à partir du XI⁰ siècle.

C'est en effet en 1080, qu'il est question pour la première fois de Bergerac à propos d'un prieuré de Saint-Martin, fondé par l'abbé de Saint-Florent de Saumur. Le nom de *bourg* ne lui est donné que le siècle suivant, d'où on peut conclure que son importance était alors récente et n'avait nécessité que depuis peu de temps, la construction de murailles ou de remparts. Il est probable que le château fut antérieur à la ville et que les habitants se groupaient autour de lui et sous sa protection : ce fut là l'origine de l'agglomération bergeracoise.

Le mariage de Louis VII avec l'héritière de l'Aquitaine, du Poitou, de la Saintonge, de l'Angoumois, de la Guienne et du Périgord, mit Bergerac sous la domination directe de la couronne ; mais le divorce d'Eléonore et son mariage avec Henri Plantagenet firent subir à Bergerac les vicissitudes des provinces qui passèrent dans le domaine anglais. C'est alors que la réelle importance de Bergerac apparaît dans l'histoire. Ses fortifications complètes s'élèvent après 1190 sous le règne de Philippe-Auguste.

La place était passée avec la Guyenne sous la domination étrangère,

Louis VIII continuant l'œuvre de Philippe Auguste pour reconstituer le royaume de France et chasser les Anglais, la leur enleva avec l'Aunis, la Saintonge, le Limousin et notre province du Périgord. Les Rudel, seigneurs de Bergerac, étaient tantôt avec les anglais, tantôt avec les français. En 1253, Elie de Rudel, seigneur de Bergerac et de Gensac, livre Bergerac aux anglais.

Jean Clément d'Argentan, maréchal de France, s'empara de Bergerac sous les yeux des anglais, sans que ceux-ci osassent s'y opposer ; deux ans après, en 1235, Bergerac était retombé au pouvoir de l'ennemi ; mais sa défaite n'avait point été sans compensation. Les vainqueurs, pour s'assurer par la reconnaissance et l'intérêt l'attachement des habitants, leur accordèrent de nombreux pri-

vilèges et constituèrent la ville en commune.
Mais quand Renaud de Pons, gendre d'Elie
Rudel (1) par son mariage avec Marguerite
de Turenne devenu seigneur de Bergerac,
put faire sentir son autorité, il protesta contre cette innovation ; ses réclamations furent
accueillies à la cour de France en haine des
princes anglais, et elles reçurent même satisfaction dans une sentence arbitrale rendue
en 1267 par la reine Marguerite de France.

A cette époque 1270 eut lieu la dernière croisade, celle de Tunis. Notre pays ne se montra
que dans ces dernières expéditions du saint
roi Louis IX et de son frère Charles d'Anjou.
Avant de partir pour cette croisade où il devait mourir, Louis IX vint visiter Cadouin(2).

---

(1) La femme de Renaud de Pons, Marguerite de Turenne avec
Pierre de St-Astier, comte de Lisle, fonda à Bergerac, en 1260, le
couvent des frères prêcheurs. Le cloître et le couvent étaient
où se trouve actuellement la sous-préfecture.

Les jacobins possédèrent le moulin du Figuier, rue de la Mairie,
où se trouve encore cette inscription :

J. H. M. A
MOLIN APPARTENANT AU COUVENT
DES FRÈRES PRÊCHEURS DE LA PRÉSENTE
VILLE BASTI PAR FRÈRE PIERRE MAZET
PRIEUR DJ COUVENT DE PÉRIGUEUX
SINDIC GÉNÉRAL DE LA PROVINCE DE
THOLOSE DU MÊME ORDRE. 1596.

La même Marguerite de Turenne fonda vers la même époque
le couvent des frères mineurs ou cordeliers. Ce couvent était à
Clairat, où se trouvent encore les restes de l'église.

(2) Au commencement du xııe siècle, le Saint Suaire fut apporté
en Périgord, et plus tard déposé à l'abbaye de Cadouin par un
prêtre du Périgord à son retour de la Croisade : Celui-ci l'aurait
reçu d'un autre pèlerin, à qui Adhémar évêque du Puy, l'avait
confié. Cette précieuse relique, d'abord placée dans une petite
chapelle de Cadouin fut, à la suite de l'incendie de cette chapelle, recueillie par les moines de Cadouin ; et, c'est pour
honorer ce dépôt sacré, que les religieux commencèrent à bâtir
l'église de leur abbaye, en 1118.

On lit dans les archives du monastère de Cadouin : *S. Ludovicus visitavit S. Sudarium
apud Caduinum an. 1269.* Les Renaud de
Pons, Guillaume de Montboucher, Guillaume Goyon, Beaupoil et plusieurs Foucauld (1), prirent part à la dernière croisade.
Les croisades qui eurent tant de salutaire
influence en France n'en produisirent aucune
dans nos contrées.

Bergerac avait, sinon à cette époque le
souvenir de l'occupation des légions romai-
nes, tout au moins la tradition de la civilisation
qu'elles avaient importée. Cette civilisation
romaine était dans les mœurs de la cité, aussi
Bergerac accueillit-il avec joie et reconnaissance les lettres patentes de Charles le Bel,
qui, en 1322, confirma par la sanction royale
l'établissement d'un *consulat, d'une communauté, d'un corps de ville, d'un sceau, d'une
maison et d'un coffre commun que les
habitants de Bergerac devaient avoir comme
ils avaient eu ci-devant, tant par don et
octroi des prédécesseurs audit seigneur que
autrement, de toute ancienneté.* (Lettres patentes, 1er juin 1322.— Traduction.)

Un des premiers actes du consulat fut un
accord entre les consuls et le prieur du
couvent de Saint-Martin. Les moines, qui
avaient fait dévier le Caudeau pour l'établissement de moulins, furent obligés de parta-
ger cette eau entre les moulins de la ville,

(1) Pons : *d'or, au lion de vair* ; Montboucher : *d'or, à trois
marmites de gueules* ; Goyon : *d'argent, au lion de gueules
couronné d'or* ; Beaupoil : *de gueules, à trois couples* ; Foucauld :
d'or, au lion de gueules. (Salle des Croisades à Versailles.)

et ceux situés sur l'ancien cours du ruisseau en dehors des fortifications. Cet accord eut lieu en 1335 et en 1336.

La consécration des privilèges et droits municipaux apparaît dans cette grande œuvre de la monarchie au moyen-âge affranchissant les communes, comme une protection de la royauté contre la féodalité. Cette charte, en effet, diminue de beaucoup l'importance que les seigneurs locaux attachaient à la possession de Bergerac.

En exécution de cette charte, les consuls et habitants de Bergerac prêtaient serment de fidélité au Roi de France. Cette cérémonie avait lieu en l'Eglise Saint-Jacques devant une relique de la vraie croix, donnée, suivant la tradition, par Charlemagne en 769. Les *Jurades* donnent la formule et le procès-verbal d'un de ces premiers serments, à la date du 1er mai 1379.

Quelques années auparavant, à la suite d'assez vifs démêlés entre les branches collatérales de la maison de Pons, Archambaud IV de Périgord, reconnu héritier et légitime possesseur, par suite de son mariage avec Jeanne de Pons, céda tous ses droits sur la ville, moyennant une rente de seize cents livres au roi Philippe VI de Valois (29 mai 1339.) Cette annexion de Bergerac au domaine de la couronne en présence du pouvoir royal bien diminué alors dans nos contrées, et en face des Anglais, l'exposait momentanément aux attaques de l'ennemi.

Déjà, du reste, avait commencé la période

malheureuse de la guerre de Cent ans, période
où, tour à tour anglais et français, Bergerac
doit subir les tristes conséquences du parti,
auquel le lie la force, l'intérêt ou une nécessité quelconque. L'affaiblissement du pouvoir
royal fait la force des divers seigneurs du
pays, qui sont, suivant les circonstances, dans
le camp des Anglais ou dans celui du roi de
France. Bergerac, pris et repris, traversa
jusqu'en 1450, époque du triomphe définitif,
cette période des plus critiques, qui est l'état
de guerre.

En 1344, le roi Edouard III, envoya d'Angleterre une armée sous les ordres du comte de
Derby, qui débarqua à Bayonne et marcha
sur Bordeaux. Le gouverneur de Guienne, le
comte de l'Isle Jourdain, fuyant devant les
Anglais se retrancha à Bergerac où il ras-
sembla une armée. Toute la noblesse du
midi du royaume s'y trouva réunie : Com-
minges, le comte de Pierregort, le vicomte de
Carmaing, le vicomte de Villemur, le comte
de Valentinois, le comte de Mirande, les
seigneurs de Duras, Taride, La Barde, Pin-
cornet, Castelbon, Châteauneuf, l'Escun et
l'abbé de Saint Sylvier, tous seigneurs de
Gascogne, qui tenaient pour le roi de
France, se rassemblèrent autour du comte
de l'Isle. Les Anglais arrivèrent près de Bergerac et s'arrêtèrent à Montcuq, où Derby
s'établit. Les chefs anglais, après un conseil
tenu au château de Montcuq, résolurent
d'assiéger Bergerac. Les archers anglais eurent raison des premières troupes françaises,

nombreuses il est vrai, mais mal équipées. Le pont (1) fut enlevé après une résistance que prolongea l'exiguité du champ de bataille. Le sire de Mirepoix fut tué sur le pont à côté de Gautier de Mauny, seigneur français au service de Derby, dont il était le 1er lieutenant.

(1) Le pont de Bergerac est mentionné dans des documents en 1206 seulement : les archives de Cadouin, désignent la Magdelaine, *Burgus apud pontem Brageriaci*.

En 1254, Hélie Rudel, seigneur de Bergerac, lègue une somme *pro constructione (réparation sans doute) pontis Brageraci*.

En 1290, le parlement de Paris s'occupe de la restauration du pont ; en 1345, combat sur le pont lors de l'entrée des Anglais à Bergerac. En 1389, inondation et détérioration du pont qui est réparé avec les débris du château de Mouleydier détruit par Du Guesclin en 1375. Le pont à neuf arceaux de pierre était à péage pour le compte du roi.

En 1444 ou 1445, le pont était tellement en mauvais état qu'une crue l'emporta et un bac fut établi jusqu'en 1502. Le seigneur de Piles, Mathurin de Clermont était le concessionnaire du bac. En 1501, le seigneur de Piles fut dépossédé de son droit au profit des consuls de Bergerac, à la charge par eux de bâtir un pont dans les dix ans. La peste et la guerre retardèrent la construction, et, on établit un pont de bateaux à péage (1504) depuis le port et la porte Cadouin jusqu'à la rive de la Madeleine, au port de la Fontaine (rampe Barbecanne.)

Une pile en pierre fut construite par la ville en 1508. En 1509, un maître maçon de Gascogne, Pierre Dulhias, qui avait construit le pont de Moissac sur le Tarn, édifia la seconde pile et parfit l'ouvrage le 11 avril 1513. Au milieu du pont se trouvait la chapelle Notre-Dame-du-Pont avec une statue de la Vierge. Cette statue fut renversée et jetée dans le fleuve en 1544.

Rabelais, livre IV, chap. 34 parle du pont de Bergerac comme modèle de solidité à cause des grosses poutres du tablier.

Le péage rapportait à la ville de 400 à 500 livres par an. Le *droit de boucle*, c'est-à-dire d'attacher les bâteaux aux anneaux incrustés dans la rive et aux piles du pont, rapportait des revenus au consulat. Ce revenu varia de 50 à 300 livres après la reconstruction ; en 1586 il fut de 6 livres, en 1614-1615 de 301 livres.

Montluc, fils du célèbre chef catholique, fit brûler une partie du pont en 1568, et, il ne resta qu'une arche du côté de la ville. En septembre 1571, le pont est réparé avec des bois provenant de la forêt de Clérans, achetée au seigneur de Biron, moyennant un impôt ordonnancé par Ogier de Gourgue, préposé aux finances de Guyenne.

En 1615, dans la nuit du 14 au 15 mars, le pont est emporté par une crue. Des impôts et des dons en nature et argent permi-

Le premier assaut dura toute une demi-jour-
née et donna lieu à des actes de bravoure ;
il ne put réussir et l'attaque fut renvoyée au
lendemain ; on essaya d'attaquer Bergerac avec
des bàteaux. Les fortifications de Bergerac
qui en faisaient une place de premier ordre
arrêtèrent longtemps les Anglais. A côté des
Gascons qui défendaient Bergerac étaient des
arbalétriers Genévois à la solde des seigneurs. Les barons de Gascogne voyant à un
moment que l'attaque par eau avait ouvert
un bastion sur la rivière, s'échappèrent pendant la nuit et s'enfuirent à La Réole avec le
comte de l'Isle qui avait été blessé. Quelques
chevaliers, qui restaient, jugeant la défense
inutile, entrèrent en pourparlers avec le
comte de Derby et la ville se rendit le 26
août 1345 (1).

rent de refaire le pont, qui fut livré à la circulation le 27 septembre 1615. En 1668, on répara le pont au moyen d'un travail qui
pour la première fois fut donné en adjudication « *à l'estuing de la*
« *chandelle au moings disant et dernier enchérisseur* ».

De 1672 à 1757 on fit tous les trois ans des réparations partielles
à l'aide d'impôts et de prestations imposées aux bouviers de la
plaine. En 1783, dans la nuit du 7 au 8 mars, une crue enlève le
pont. Il est à remarquer que chaque fois que le pont subissait des
avaries, qui interrompaient la circulation, les seigneurs de Piles,
depuis 1502, introduisaient requête à l'effet d'obtenir concession du
passage par bac. Chacune de ces requêtes était toujours déclarée
non recevable par le Roi.

En 1790 les formalités nécessaires avaient été remplies pour
obvier au remplacement du pont, mais la Révolution survint. Lakanal ordonna la reconstruction, 27 brumaire, an II. Mais la
municipalité ne voulut pas renoncer à ses revenus du péage, et le
26 vendémiaire an III, la ville installa un bac qui a subsisté jusqu'en 1825. Sous la Restauration, le pont actuel fut commencé en
1822 ; il a été terminé en 1831.

(1) En l'an mil ccc quaranta et sincq, lo jorn de sent Berthou-
miu, fo presa la villa de Bragueyrac per mousseu Henri Lencastre,
compte Derbi, debert lo borc de la Magdelena et intreren per lo

Derby, comte puis duc de Lancastre, fut au nom d'Edouard III, seigneur de Bergerac et y exerça sa souverainé par l'intermédiaire de messire Jean de la Zouche.

Tout le Périgord ensuite devint Anglais après le désastre de Poitiers (1356) et la captivité du roi de France, Jean le Bon ; et, le traité de Brétigny consacra (8 mai 1360) cette situation. Le fils aîné du roi d'Angleterre, Edouard, prince du Guyenne, octroya à Bergerac la confirmation de ses privilèges et les consacra ensuite par lettres patentes données à Bouteville, le 23 juillet 1368.

Mais Bergerac ne put jouir en paix de ses privilèges sous la domination anglaise, dont l'autorité n'était que subie.

La peste avait fait son apparition en 1348 et ravageait surtout les campagnes, dont, avec la guerre, elle avait produit la ruine (1). De là, la famine qu'exploitèrent les Juifs, auxquels vinrent se joindre les *hallucinés* connus

pont afforssa en combatent. (*Arch. de l'Hôtel de Ville de Libourne, Livre relu, f. 133, recto.*) Froissart, chap. ccxviii. — D. Hume, tome ii, chap. iv, pag. 263.

(1) La « Caritat » ; on appelait ainsi la charité ou distribution de pain que tous les ans, au jour de la Pentecôte, les consuls faisaient non seulement aux indigents de la ville, mais aussi à tous les pauvres qui venaient soit du Limousin, du Quercy, de l'Auvergne ou de la Saintonge ; une vieille charte de 1336 relate cette coutume comme déjà ancienne.

Les ressources provenaient de rentes consenties par divers, parmi lesquels les meuniers de l'intérieur de la ville, qui durent tous fournir une rente de 12 poignères de blé, à partir de l'époque où fut creusé le canal de dérivation du Caudeau de Pombonne à Bergerac, c'est-à-dire en 1336. En cas d'insuffisance de ces prestations, la Communauté y pourvoyait. En 1504, on distribua jusqu'à 23 mille pains. Les consuls et les notabilités présidaient à ces distributions. Cette pieuse coutume se perpétua jusque à la première révolution.

sous le nom de *Flagellants*. La Jacquerie se
fondit dans les *malandrins* et les *routiers*, et
tout le pays fut dévasté tandis que la ville
était toujours sous les armes.

Sous le règne de Charles V, ce grand roi
qui mérita si justement le surnom de Sage,
la présence de Du Guesclin dans le midi
rendit un peu d'espoir au Périgord en faisant
disparaître les *fumières* (incendies), œuvre
des *bandits* et des *Grandes compagnies*.

Le duc d'Anjou, frère du roi, à la tête d'une
armée, vint assiéger Bergerac en août 1377.
Perducas d'Albret, du parti des Anglais, commandait les troupes que le duc de Lancastre
avait envoyées à Bergerac. Les consuls de
Bergerac, à leur corps défendant, marchaient
par nécessité avec les Anglais. Du Guesclin
vint se joindre à l'armée royale, en passant
par Eymet et protégea l'arrivée à Bergerac
d'un détachement commandé par Beaudoin
de Crémoux. Ce dernier revenait de la Réole
où il était allé chercher un fort roulant appelé
la Truie, machine de guerre, qui fut dressée
par les assiégeants contre les remparts de
Bergerac. Cette machine, dont Froissart ra-
conte les merveilles, contenait dans ses larges
flancs cent hommes d'armes qui portèrent la
terreur dans les rangs des assiégés. Les habitants, abandonnés par les Anglais, chassèrent
Perducas, égorgèrent les derniers de ses soldats et se rendirent après 15 jours de siège le
2 septembre 1377 (1).

(1) C'est à tort que certains documents assignent à la prise de
Bergerac par le duc d'Anjou la date du 12 septembre 1367. Les

Le château fut pris le lendemain par Du Guesclin en personne.

Cette reddition à l'armée royale sembla une délivrance pour la ville. Depuis une soixantaine d'années, Bergerac était la victime de la guerre. Le duc d'Anjou, au nom du roi, confirma les privilèges et les libertés de la ville (1). Mais sitôt que l'armée royale eût disparu, les *routiers* et les débris des *Grandes compagnies* s'allièrent aux seigneurs du parti des Anglais et dévastèrent tous les environs.

En 1389, le 2 janvier, une inondation de la Dordogne ravagea la campagne, et, les eaux de la rivière montèrent jusqu'à la tour Malbec.

Seuls, les consuls eurent alors à protéger la ville contre les exactions de tous les pillards qui s'introduisaient la nuit dans Bergerac et rançonnaient les habitants. On fut même obligé de payer les chefs de bandes

lettres patentes du roi Charles V sont d'après les mêmes documents datées du 12 septembre 1367. C'est encore une erreur : les lettres patentes concernant les privilèges de Bergerac et considérant la ville comme partie intégrante et inaliénable du domaine de la Couronne furent données au nom du roi, par son frère le duc d'Anjou, le 2 septembre 1377, jour même de la prise de Bergerac.

(1) Le duc d'Anjou, après la prise de Bergerac se dirigea vers Cadouin qu'il prit aux Anglais. Les Anglais en effet convoitant l'abbaye de Cadouin pour le trésor inestimable qu'elle contenait, le saint suaire de N. S., s'en étaient emparés, mais l'abbé de Cadouin, Bertrand de Molinis, déjoua, au moins en partie, leur entreprise. Il prit secrètement la sainte relique et alla demander pour elle un refuge au chapitre de Saint-Sernin de Toulouse qui, entr'autres conditions, consentit « que le saint » suaire serait mis en l'église du Taur pour y estre vénéré et que « le chapitre achepteroit un logis tout contre pour la résidence « de l'abbé et de ses religieux ». Plus tard, Charles VI, atteint de frénésie, se fit apporter à Paris ce même suaire par l'archevêque de Toulouse et l'abbé de Cadouin.

pour les éloigner de Bergerac. Des impôts, d'autant plus lourds que la misère était plus grande, durent être prélevés pour satisfaire les seigneurs du parti anglais. Un registre ouvert à cette époque par les consuls, et appelé *Livre de vie*, relate pendant trois ans tous les méfaits des seigneurs, les peines, les doléances et les espérances des habitants(1).

Cette malheureuse période dura pendant tout le temps que le pouvoir royal ne put faire sentir son autorité. Il en était de même dans le nord de la France : les difficultés d'une régence en face de l'ennemi, les séditions des Maillotins, puis la démence du pauvre roi Charles VI et surtout la grande querelle des Bourguignons et des Armagnacs avaient livré le royaume à l'anarchie.

Les Anglais avaient repris en 1435, presque sans coup férir, la place de Bergerac.

En 1450, le roi Charles VII avait confié le commandement d'une puissante armée au comte de Penthièvre. Ce général commença ses exploits par la prise de la ville de Bergerac en 1452 ; Jean Bureau commandait l'artillerie du roi; et, les habitants ayant égorgé les

---

(1) Voici le titre et sous-titre de ce précieux recueil :

LO LIBRE DE VITA

Aysso es lo libre de Vita, lo qual es remembranssa dels grans mals e dampnatges que son estatz fachs e donnatz als habitans de la vila de Bragayrac e de la Castelania, per las personas e malfaytors deins escritz. E los jorns e los ans que los ditz dampnatges son estatz fachs, donatz e perpetratz, ni quals son estatz los dampnatges. — E son estatz aysis escritz per remembranssa, affi que per temps a venir, quan loc e temps sera, los ditz malfaytors puscan esser punitz per bona justicia, e per ans que no porten a quels pecatz en infern, e que a totz autres que dampnages nos volrian far, sia en eyshample.

Anglais, avaient ouvert les portes au comte de Penthièvre. Bergerac voyait alors la fin de la domination anglaise (1).

Ce dernier séjour des Anglais dans nos murs fut marqué par la grande inondation de 1445 qui enleva le pont de la Dordogne.

Jeanne d'Arc, divine protectrice de la monarchie, avait enfin rétabli l'autorité royale pour que la France put se relever. La bataille de Castillon, livrée aux portes de Bergerac, sur le territoire de la commune de Lamothe-Montravel, fut, en 1453, la fin de la domination des Anglais, qui évacuèrent Bordeaux la même année.

Depuis deux ans, du reste, notre ville s'était relevée de ses ruines de la guerre de cent ans et avait repris sa situation de ville libre sous l'égide de l'autorité royale. Le roi Charles VII, en 1450, voulant reconnaître le courage des habitants de Bergerac qui avaient les premiers dans le Midi secoué le joug des Anglais en 1377 et 1450, donna à la ville le moulin Gaudra qui appartenait à la couronne (*Lettres patentes 12 décembre 1450.*)

Bergerac put enfin jouir de ses privilèges sous l'action bienfaisante de l'autorité royale. Devant tout à cette autorité depuis Charles le Bel, notre ville fut à l'état d'anarchie quand les rois de France, pendant la guerre de cent ans, ne purent la protéger.

Louis XI, dans sa lutte contre la féodalité,

(1) C'est pour célébrer cette délivrance que fut alors composée l'épigraphe latine dont la traduction est donnée au commencement de ce volume (p. 7).

continua au profit des libertés locales l'œuvre de l'affranchissement des communes et
confirma lui aussi les privilèges de Bergerac
par lettres patentes de 1470, qui furent encore
renouvelées à Plessis les Tours, en 1478 ; le
roi Louis XI, voulant aller à Cadouin, devait
passer à Bergerac; mais il ne put donner
suite à ses projets et il s'arrêta à Brive la
Gaillarde.

Bergerac put trouver dans son organisation
intérieure et dans les ressources inépui-
sables de sa liberté, dont font foi les *Jurades*,
non seulement les forces nécessaires pour
réparer les blessures de la guerre de Cent
Ans, mais encore, à ce moment, les éléments
d'une prospérité croissante. L'organisation des
marchés des Mazeaux (1) et de St-Jacques,
des foires de la St-Martin, des Rameaux, et
de St-Antoine (au faubourg), amenèrent l'ai-
sance dans la ville. Quelques difficultés pour
l'établissement de ces marchés et foires se
produisirent en 1481 avec le prieuré de Saint-
Martin ; mais ces obstacles disparurent. La
population avait atteint un chiffre des plus
importants et la navigation de la Dordogne
étendait le commerce jusque dans l'Auvergne
en amont et dans tout le Bordelais en aval.

Bergerac en 1508, outre ses dépenses ordinaires, dut, avec l'aide de Libourne, Blaye,
Bourg, St-Emilion et Ste-Foy, fournir un
navire de guerre au roi Louis XII. Ce roi, en

(1) L'expression *Mazeaux* est au moyen-âge employée pour dé-
signer un cloaque infect, un marché aux poissons, une léproserie.
En arabe, *mezora* signifie lèpre ; les malades eux-mêmes étaient
qualifiés de *mazeaux. Mazello* en italien signifie gâté, corrompu.

effet, avait organisé en 1508 une flotte, des-
tinée à être opposée à certains corsaires anglais, qui, maintes fois depuis 1494 (commencement des guerres d'Italie), avaient ravagé
les côtes de France baignées par l'Océan.
Louis XII, pour subvenir aux dépenses, eut
recours aux villes de son royaume, sur lesquelles il imposa les sommes nécessaires
pour ce faire. Bergerac fut taxé à 500 livres ;
mais les consuls réclamèrent l'aide de Périgueux et de la chatellenie de Lanquais, qui
fournirent 250 livres. La Communauté versa
la différence.

Un arrêt de l'an 1511 régla les conditions
voulues pour l'obtention des lettres de bourgeoisie (1). Nul ne pouvait être *bourgeois* de
Bergerac, s'il ne possédait maison en ville et
s'il ne l'habitait six mois de l'année. C'est à
cette époque que nous devons faire remonter
l'existence des landes de la Gudal (2), qui
s'élevaient de Maurens à Beleymas. Ces landes étaient autrefois de riches vignobles pro-
duisant un vin très estimé en Hollande. Le
Parlement de Bordeaux, sur la demande des
consuls de Bergerac, ayant défendu de transporter par mer, tout vin qui ne proviendrait
pas du crû d'un bourgeois de la ville, les
propriétaires de la Gudal, ne voulant pas
abandonner leurs domaines et leurs habitudes
pour venir habiter six mois de l'année la

(1) Pour acquérir les lettres de Bourgeoisie, le droit n'était pas
fixe : il était proportionné à la position de fortune; d'aucuns
même le payaient en nature. Les *Jurades* en fournissent de nombreux exemples.

(2) Les Sarrasins après le désastre de Poitiers se rallièrent à la
Gudal. Ce nom a une origine maure, qui signifie : *Assemblée.*

ville, durent renoncer à vendre leur vin à
l'étranger. D'un autre côté, la consommation
dans le pays étant à peu près nulle, ces riches
vignobles furent abandonnés peu à peu et
envahis par les bruyères. A ce moment, les
forêts qui couvraient les côteaux du Mont-
Bazillac furent défrichées et remplacées par
les vignes dont le produit est ce fameux vin
blanc de Bergerac, si justement estimé.

Les luttes religieuses qu'engendra la réforme changeaient en misère et en désolation
la situation fortunée de Bergerac. Les habitants de Bergerac avaient embrassé le culte
réformé avec une ardeur que pourraient excu-
ser, sinon justifier, leurs habitudes de liberté.

C'est par le Fleix et Bergerac que le Calvinisme s'introduisit en Périgord. Guillaume
Marentin, de l'Ordre des Franciscains, prê-
cha le premier la Réforme à Bergerac, le
20 novembre 1545. L'influence calviniste de
la cour de Nérac s'exerça à Bergerac aux
Etats du Périgord tenus dans la ville en 1549,
sous la direction du roi de Navarre.

Pierre Poynet, lieutenant général, fit prêcher
publiquement le Calvinisme malgré les consuls. Le curé de Saint-James (Saint-Jacques),
Galajou et Antoine Benteynac, prêtre, luttè-
rent au péril de leur vie contre les huguenots.
Mais les trois couvents des Jacobins, des
Cordeliers et des Carmes étaient infectés par
la nouvelle doctrine et les troubles qui se
produisirent dans la place amenèrent la ruine
du Prieuré Saint-Martin, la démolition de son
église et la construction d'un temple hugue-

not dans le Mercadil, où un moine apostat et
un aventurier écossais surnommé Cœcus à
cause de sa cécité, s'étaient fait les apôtres
de l'hérésie.

C'est à cette époque que se place la conjura-
tion d'Amboise à laquelle prit part Guillaume
de Barry, dit La Forest, seigneur de la Renaudie, près Bergerac. Ce gentilhomme Péri-
gourdin, qui avait la confiance du prince de
Condé, trouva à Bergerac quatre Calvinistes,
dont son ami, Davenelle, avocat, qui devait le
trahir et le faire tuer, pour tramer son coup
de main d'Amboise (17 mars 1560).

Dès 1561, Bergerac était une des principa-
les places des protestants. Les excès de ces
derniers, particulièrement à Agen, dit Théo-
dore de Bèze, amenèrent les représailles de
Montluc ; et, après le massacre de Vassy, les
villes de Gironde, Monségur, Sauveterre,
Duras, tombèrent au pouvoir des catholiques. Le duc de Duras, chef des réformés,
chassé de Saint-Astier et La Linde, se retira
à Bergerac.

Montluc et le duc de Montpensier firent
fuir Duras et l'écrasèrent à la bataille de
Vergt en tuant cinq mille protestants et en
enlevant 2 canons (10 octobre 1562).

Un jeune gentilhomme des environs de
Bergerac, Armand, seigneur de Piles, et un
avocat nommé Larivière, furent alors les
chefs des Calvinistes de Bergerac et reprirent
la ville après avoir pendu le curé de Saint-
James, Peyrarèdes et tué le capitaine catholique, Peuch, qui avaient résisté dans le châ-

teau et dans la tour Malbec (12 mars 1563).

La majorité légale du roi Charles IX (1564), fut, après la paix d'Amboise, l'occasion d'un voyage de la cour dans le midi de la France, et, c'est ainsi que Charles IX vint à Bergerac.

✿✿✿✿✿✿✿✿✿

Le roi partit en janvier 1564 accompagné des princes du sang et de plusieurs hauts dignitaires de la couronne. Les personnages de la suite du roi ne sont point énumérés dans la relation du voyage faite par l'historiographe du roi, Abel Jouan. Toutefois, il est à présumer que dans cette suite figurent les personnages indiqués par de Thau comme envoyés par le Roi pour former l'escorte d'honneur de la princesse Elisabeth, sa sœur, reine d'Espagne, lors de l'entrevue de Bayonne. C'étaient : François de Bourbon, fils du duc de Montpensier, Henri de Lorraine, duc de Guise ; Eléonor d'Orléans, duc de Longueville ; Damville, maréchal de France, fils du Connétable Anne de Montmorency ; Honorat de Savoie, comte de Villars ; Philippe Rheingrave ; François-Just de Tournon ; Timoléon Cossé de Brissac ; Charles et Guilhaume de Montmorency ; François de Carnavalet ; René de Villequier ; Jacques de Balaguier de Monsalez, etc., et peut-être le jeune duc d'Anjou frère du roi (depuis roi).

Avec le Roi, se trouvaient la reine mère, Catherine de Médicis, M. d'Orléans, le Connétable, le jeune prince de Béarn et le chancelier Michel de l'Hopital.

Après avoir visité la Champagne, la Bourgogne,

le Dauphiné, la Provence, le Languedoc et la Gascogne, le cortège royal entra en Périgord.

Le roi avait alors alors 15 ans, ayant été déclaré
majeur l'année précédente, conformément à l'or-
donnance de Charles V.

Le mercredi 8 août 1565, le cortège royal partit de
Lauzun, où il avait séjourné quatre jours « pour
« aller, dit Abel Jouan, passer la rivière de la Dor-
« donne par dessus un pont de bois tout couvert de
« belle toile blanche et en pasant le dit pont, feit
« son entrée, dina et soupa à Bergerac, qui est une
« belle et bonne petite ville et première ville du
« Perigort. »

※※※※※※※※

Voici le récit de Jean de Volpilliac, syndic
de la communauté de Bergerac en 1569 :

LE roy Charles IX faisant son entrée dans la présente ville, le 8 aoust 1565, on lui fit une
chapelle de branches au bout du bourg de la Mag-
daleine. M. le lieutenant Poynet lui fit la harangue ;
il entra après dans la chapelle accompagné de la
Reine Mère, de M. d'Orléans, du prince de Navarre,
du connétable et autres princes et seigneurs.

Sa Majesté vit passer les compagnies des habitants ; la première étoit de cinquante petits-enfants,
la plus grande partie habillés de satin ou tafetas
bleu garny de soye incarnat et blanc, leurs légers
hauts de chausses à la bourguignote, et la gibecière

au côté, leur houlette à la main, en manière de pastouraux, chantant un cantique à l'honneur du roy ; la bande des mariniers suivoit, habillés de bleu, incarnat et blanc, avec leur capitaine, lieutenant et porte-enseigne, ayant chacun un aviron peint de la couleur du roy, au nombre de trois cents ; les cordonniers venoient après, vêtus de même livrée, au nombre de 200, compris une partie d'artisans, leur capitaine à la tête, lieutenant et porte-enseigne ; les couturiers marchoient après avec les bouchers et autres artisans, environ cent cinquante, et leur capitaine à la tête, lieutenant et porte-enseigne ; les marchands appelés les bonshommes et leur intendant sur toutes les autres compagnies, tous habillés de robe longue de tafetas blanc, les boutons de la livrée du roy, avec leurs chapeaux blancs, ayant en main un rameau d'olivier en signe de houlettes ; Jacques de Fonmartin étoit le capitaine, Etienne Reynier lieutenant, et Berthoumieu Captal, porte-enseigne ; après, le roy marcha pour entrer dans la ville. Toute la rue du Bourg où il passa étoit garnie de linge blanc, et au bout du pont du coté du bourg il y avoit un portail de lierre aux écussons de Sa Majesté ; tout le pont de Dordogne de haut en bas étoit garni de linge blanc avec l'écusson. Et à l'entrée de la ville, entre les maisons de Philippe Plaze et Bernard Gros, il y avoit un grand portail fait en grande magnificence, qui couta plus de 200 écus, où les consuls vêtus de robes de tafetas blanc et rouge, leurs chaperons de même, présentèrent un pavillon au roy et le conduisirent à son logis, chez le sieur Daix, médecin. (1)

Toutes les rues étoient couvertes de sable, et tendues de travers en travers de linge ; la fontaine

(1) Maison appartenant aujourd'hui aux familles Bobinski et Pélalo et portant encore avec pignon renaissance une tourelle à l'un de ses angles.

appelée la fon Peyre pissa du vin, tant que le roy
passa. Les habitants criaient : Vive le Roy ! les pages,
laquais et autres burent du vin à la fontaine.

Après diner, le roy, la reine-mère, les princes,
seigneurs et gentilshommes de la Cour, allèrent
jouer à la balle au terrier des Carmes (1). Le lendemain 9ᵐᵒ du mois d'aoust, le roy ouït la messe dans
le couvent des frères Prêcheurs, et partit après avoir
diné pour aller à Mussidan.

※※※※※※※※

DE temps immémorial la ville de Bergerac pos-
séda des écoles.

Un vieux chroniqueur s'exprime ainsi dès le
xvᵉ siècle : « L'eschole était située dans le Mercadil,
« près d'une place, porge, arceau et murs vulgaire-
« ment appelés les Cordonnières appartenant à Ray-
« mond du Pont, escuyer, seigneur de la Reynaudie
« de Lembras. »

Dès le xvᵉ siècle, en effet, on peut en suivre les
traces dans nos archives. Il y avait deux sortes
d'écoles ; les écoles primaires et les écoles secondaires. Les maîtres étaient choisis par les consuls
mais le maître écolier de Périgueux devait ratifier
leur nomination ; ils n'étaient jamais nommé que
pour une année. L'enseignement donné dans les
écoles secondaires était assez compliqué et on y
faisait souvent des *lectures* sur la théologie, la philosophie, les beaux-arts, la littérature et l'éloquence.
Ces lectures étaient faites par de savants professeurs

(1) Aujourd'hui Jardin Public.

venant des académies de Poitiers, d'Angers ou de
Bordeaux ; elles attiraient un nombre infini de clercs
qui accouraient de tous les pays circonvoisins, pour
en profiter. Aux lectures faites en 1524 leur nombre
fut si considérable que les consuls, toujours peureux
de la peste, voulurent les interdire, mais M. de Langlade, juge ordinaire et protecteur des écoles, com-
battit cette résolution, prétendant que si on ren-
voyait ces *lectures*, les *savants* et les *clercs* déjà
venus en seraient indignés et que ce serait une
grande perte pour la ville. Ces lectures durèrent
quatre jours.

Voici les rentes consenties par divers seigneurs en
faveur du collège : Le roi de Navarre, 200 livres; le
duc de Bouillon, 100 l.; le duc de La Force, 50 l.;
Mme de Badefol de Saint Geniès, 120 l.; M. de Lon-
gua de Larmandie, 25 l. ; M. de Beynac, 20 l. ; M. de
Foucaud de Lardimalie, 10 l. ; M. de Borie, 5 l.;
Mlle de Jaure de Grignols, 5 l. ; Mlle Jeanne de Ca-
nolle, 20 l. ; les maire et consuls de la ville, 200 l.;
M. Brugière, syndic des marchands fréquentant la
rivière de Dordogne, 200 l.: M. de Lussac, 55 l.;
du vicomte de Montbazillac, de MM. de Montignac,
de Saint Maurice, de Montastruc, de La Roque, de
Caillavel, du Bourg, de La Nauve, de Saucignac, de
la Gironie, Beauchaîne de Collonge, Mlle de la Sey-
nie, 91 livres, 3 sols et 4 deniers; des habitants du
quartier de Bourbarraud, 231 livres; des quartiers de
la Grand-Rue et du Queylard, 199 l.; du quartier du
Terrier, 314 l.; du bourg de la Madelaine et de
Saint Martin, 150 l.

L'ANNÉE avant son entrée à Bergerac, Charles IX établit un collège dans la ville.

Le voyage du roi dans les provinces les plus travaillées par l'hérésie, n'apaisa pas les haines ; les émeutes et les assassinats continuèrent en Guyenne. L'année 1567 vit recommencer la guerre. Sur l'ordre de Condé et de Coligny, le marquis de Laforce et le seigneur de Piles entrèrent dans Bergerac.

Le seigneur de Piles, après le siège de Saint-Jean-d'Angély, alla se reposer à Piles; puis, avec l'aide du seigneur de Labaume, ancien catholique, tenta un coup de main sur Bergerac, où il avait des amis calvinistes. Piles pénétra dans la place à la faveur d'une brèche qui était aux murailles du côté de la Dordogne, tuant et massacrant tous les habitants catholiques qui restaient, et spécialement les défenseurs de la place. Le gouverneur n'eût que le temps de s'échapper du château en se laissant glisser le long des murailles à l'aide d'une corde.

Un cordelier, le frère Pierre Thœlatus, fut tué à petits coups comme devait l'être un martyr et un confesseur de la foi.

Le seigneur de Piles lui-même mit le feu à l'hôtel de ville et tout fut la proie des flammes. L'incendie dura deux jours (4 mars 1570).

Le calvinisme de Bergerac coûta cher à la ville qui perdit son présidial au profit de Périgueux, où, en 1567 Charles IX avait

établi le corps judiciaire de *Messieurs des
Grands Jours*. Les murailles de la ville de
Bergerac furent démantelées par ordre du
Roi, qui envoya à Bergerac pour y tenir
garnison le régiment de Sarlabourg. La paix
de Saint-Germain en Laye (*paix boiteuse et
mal assise)*, dont le traité fut publié à Bergerac, le 4 sept. 1570, fut accueillie avec joie
par les habitants. Mais la tranquillité néanmoins ne devait guère durer, alors surtout
que le prieur de Saint-Martin, lui-même, messire Gabriel de Clermont, était huguenot.

La Saint-Barthélemy (24 août 1572), n'eût
pas de contre-coup à Bergerac, quelque calviniste que fut la place; elle n'eut que des
conséquences.

Les couvents des Jacobins, des Cordeliers
et des Carmes avaient été saccagés par les
calvinistes et cependant déjà les huguenots
crurent devoir se venger de la Saint-Barthélemy, et, à Bergerac en particulier, ils se
mirent à se fortifier en faisant relever les
murailles de la ville, dont ils réparèrent les
brèches, avec les matériaux des trois couvents
des frères mineurs (Cordeliers) à la porte de
Clairac, des Carmes près la porte Bourbarraud et des Jacobins près la porte Lougadoire (1).

(1) La porte *Lougadoire* était ainsi nommée, d'après les manus-
crits de M. de Larmandie, à cause de l'habitude qu'avaient les
gens de la campagne, qui louaient leurs services, de se rassembler
lors de la *méliue* devant la porte en tenant des branches d'es-
sences diverses suivant le genre et la durée du travail pour lequel
ils se louaient. Cette coutume a existé partout en France; l'opé-
rette des *Cloches de Corneville* nous en donne un exemple et de
nos jours encore cette tradition se continue près de Bergerac aux
foires d'été de St-Avit Sénieur.

Les calvinistes de Bergerac mirent à leur tête le baron de Langoiran, qui avait été préposé par les princes rebelles au gouvernement du Bordelais, de l'Agenais, du Périgord et du Bazadais et se disposant à faire la guerre, non en *hommes*, comme dit un de leurs historiens, Daubigné, mais en *diables acharnés*, ils voulurent marcher sur Périgueux, objet de leur convoitise. Langoiran disait à ce sujet *que Bragerac lui estoit une bonne hostesse, si elle avait pour ayde Saint-Front.*

Tout aurait été à feu et à sang dans notre ville sans les conférences des Mazeaux dans la maison (aujourd'hui maison Gamel) de sire Doublet, bourgeois de Bergerac. Ces conférences, véritables *colloques* calvinistes, aboutirent à la paix de Bergerac, signée le 17 sept. 1577.

Chez messire Doublet, lieutenant-civil et criminel du sénéchal, se rencontrèrent le roi de Navarre, le duc de Montpensier, l'évêque de Vienne, le maréchal de Biron et M. de Villeroy. La paix ratifiée le 17 septembre 1577, ne fut effective que le 17 octobre suivant, date à laquelle elle fut publiée. Cette paix de Bergerac est en quelque sorte la préface de l'Edit de Nantes. En effet, les réformés eurent la liberté d'exercer publiquement leur culte ; les citoyens calvinistes furent établis dans leurs droits, charges ou honneurs dont ils avaient été privés à cause de leur état de révoltés ; ils eurent le droit d'être jugés par des pairs calvinistes dans les Parlements, et

neuf places de sûreté, munies de troupes, leur
furent concédées !... C'était reconnaître un
Etat dans l'Etat.

Mais ce n'était pas assez pour les calvinistes ;
et, la paix de Bergerac ne fut qu'une trêve
armée, sans sécurité et sans repos. En 1578,
en effet, moins d'un an après la paix, les hos-
tilités recommencent et aux portes de Bergerac, la trêve du Fleix en 1580, confirme les
prévilèges calvinistes de la paix de Bergerac.
La guerre reprit néanmoins, mais alors avec
un caractère politique. La révolte intérieure
menaçait le trône et le Roi s'allia avec les
Guises pour sauvegarder l'autorité royale. Le
roi de Navarre, retiré à Bergerac, voyait avec
amertume une partie de la Guyenne, notam-
ment Agen, se soulever pour la Ligue au
nom et par les exhortations de là reine Marguerite, sa femme. Il brûlait d'en venir aux
mains avec eux, mais Henri III l'ayant prié
de rester immobile et d'attendre l'attaque des
Ligueurs, il obéit. C'est dans cet intervalle
qu'il signa à Bergerac la déclaration par laquelle il niait être hérétique et affirmait
croire aux symboles de la foi catholique et
apostolique. A Bergerac déjà, le roi de Navarre faisait pressentir qu'il serait roi de
France !... (1).

A partir de ce moment, la Ligue perdit sa

(1) Le roi de Navarre avait déjà écrit : « La religion se plante
« au cœur des hommes par la force de la doctrine et persuasions
« et non par le glaive ». A Guillaume de Montferrand marquis de
Faubournet, seigneur du Maine et de St-Orse, le roi de Navarre
annonçait le 6 janvier 1577 « avoir donné commission pour empê-
« cher toute violence contre les catholiques, et mettre les prison-
« niers en liberté ».

principale force, mais les paysans, aigris par les vexations qu'ils avaient eu à supporter pendant les dernières guerres, se révoltèrent (1593), et commirent à leur tour les mêmes excès dont ils avaient été victimes. Près de Bergerac, dans la forêt d'Abzac, aux portes de Limeuil, un notaire du pays était le chef de 40,000 révoltés, tous armés. Il eût été difficile de contenir par la force une masse d'hommes aussi importante. M. de Bourdeilles, gouverneur de la province, parvint à les calmer par sa modération et son habileté. On appela cette sédition, la 1ʳᵉ révolte des *Crocquants ;* ce fut là le résultat de l'agitation calviniste, et Bergerac en devint le centre.

A l'origine de leur révolte, ce fut au village de Crocq, bourg fortifié aux environs d'Aubusson, que les mécontents apparurent pour la première fois, en 1592. Mais ils ne purent s'imposer comme belligérants, qu'en se rapprochant des calvinistes, que la paix de Bergerac et celle du Fleix avaient comblés. Ces *Crocquants* ou *vilains,* tinrent la campagne près de Bergerac, malgré Bourdeilles, jusque sous le règne de Louis XIII, où nous les trouverons en face du duc d'Epernon, sous la conduite de Lamothe-Laforest.

Mais n'anticipons pas. Le roi de Navarre séjourna souvent et longtemps à Bergerac et dans les environs. Ses lettres nous font connaître ses allées et venues. En avril 1580, il quitte Tonneins, couche à Eymet, séjourne au château de Poutet, passe à Bridoire, chez

le marquis de Lamothe-Grondin et vient à
Bergerac. Il y séjourne jusqu'au 18 avril et
repart pour Sainte-Foy où il reste 15 jours.
Le 2 mai, il est de nouveau à Bergerac ; le 5
février 1582, il écrit aux consuls de Bergerac
et date sa lettre de Nérac, leur annonçant que
se rendant à Coutras, il ne pourra passer
par Bergerac à cause du *mauvais état des
chemins*. Enfin, en 1585, le roi de Navarre
fait de Bergerac sa principale résidence et
organise, de concert avec les protestants et
l'Angleterre (1), la lutte contre la Ligue. Sully
vient rejoindre à Bergerac son roi et lui
fait faire cette fameuse proclamation du 10
juin qui marquait ses projets. Cette proclamation est désignée dans l'histoire sous le
nom de *Manifeste ou déclaration de Bergerac*. Le roi de Navarre répondait au manifeste
du cardinal de Bourbon et repoussait les accu-
sations de la Ligue. C'est alors que Sixte-
Quint excommunie le roi de Navarre. Le 30
novembre 1585, le roi de Navarre rend à
Bergerac un édit contre les amis de la Ligue
et prononce la confiscation de leurs biens.
Le dernier séjour du roi de Navarre date du 7
mai 1586. A cette époque commence la guerre
des *trois Henri*, et le roi de Navarre prend
le commandement des Calvinistes contre
Mayenne et Joyeuse. La bataille de Coutras

(1) C'est pendant ce séjour à Bergerac que le roi de Navarre fit
expédier des lettres patentes en date du 10 mai 1585, par lesquelles un de ses coreligionnaires Jacques de Ségur, seigneur de
Pardaillan, fut chargé de se rendre dans l'intérêt des Calvinistes
auprès de la reine Élisabeth d'Angleterre et des princes Allemands
pour presser l'envoi des secours en troupes et en argent qui
avaient été promis aux Huguenots.

fut un triomphe pour les calvinistes, le roi
de Navarre se couvrit de gloire avec ses
compagnons d'armes Caumont de Laforce,
Geoffroy de Vivans, Escodéca de Boisse, et
Jean de Montataire de Madaillan, chef des
cornettes de Condé (20 octobre 1587).

L'avènement de Henri IV en 1589 réjouit à
Bergerac les catholiques sans contenter les
protestants, qui même après l'Édit de Nantes
(1598), le considérèrent toujours comme un
apostat. Henri IV eut besoin, en effet, de
protéger les catholiques de Bergerac en
rétablissant dans notre ville le culte catholique suspendu depuis longtemps. Il fallut
pour cela un ordre formel du roi transmis par
le maréchal de Matignon. Bergerac garda
depuis la Révolution jusqu'en 1814 le couteau
de Ravaillac que le duc de Laforce avait retiré de la plaie de son roi (1610) (1).

En 1595, Bergerac menacé d'être aliéné au
détriment du domaine de la couronne, sup-
plia le roi Henri IV en lui affirmant sa fidélité, de vouloir bien revenir sur une décision
qui allait recevoir exécution.

En conséquence, après arrêt du conseil du
roi, des lettres patentes du roi Henri le Grand,
en date du 2 septembre 1595, donnèrent satisfaction à eBrgerac. Il est dit dans ces lettres
patentes que le Roi « ayant égard à la transac-
« tion et contrat passés avec les habitants le
« 2 septembre 1377, ordonne qu'en vertu
« desdits privilèges et contrats, il ne sera

(1) Ce poignard qui est au musée de Cluny depuis 1814, avait
été porté à Bergerac après la démolition du château de Laforce.

« procédé à aucune aliénation de Justice étant
« dans l'enclos de ladite ville et des Parois-
« ses adjacentes et autres étant de la châtel-
« lenie d'icelle, lesquelles Sa Majesté excepte
« et se réserve de ladite aliénation, de l'Edit
« et commission expédiée à l'effet d'icelle
« voulant que lesdites Justices demeurent
« perpétuellement au domaine de la cou-
« ronne, sans qu'elles puissent être divisées
« et démembrées sous quelque prétexte· et
« considération que ce soit à peine de nullité,
« etc., etc. »

En 1595, le Parlement de Bordeaux chassé
de sa ville par une épidémie était venu séjour-
ner à Bergerac. Les épidémies, du reste, étaient
fréquentes dans les environs. Pendant la
guerre de Cent Ans, nos contrées subirent
le fléau de la peste, et, en 1502, Bergerac
échappa de nouveau à la peste, alors que les
alentours étaient décimés. Une magnifique
procession (17 mai 1502), et l'invocation des
habitants à la sainte Lance (1) (relique appor-
tée des Croisades et déposée à la Sauve près
Bordeaux), furent un témoignage de foi de la
part des habitants, pour marquer leur reconnaissance d'avoir échappé au fléau. Il y eut
aussi à cette époque des pèlerinages à Cadouin où on vénérait le suaire de J.-C. L'établissement ancien d'hospices et de maladreries
sont une preuve des maux que notre contrée
avait à subir sous l'influence des épidémies.

En 1602, des troubles éclatent à l'occasion

_____

(1) Fragment attribué au fer de lance qui aurait percé J.-Christ.
Cette relique disparut lors de la Réforme.

d'un impôt nouveau qui était cependant le
précurseur de nos octrois modernes. A cette
occasion, il y eut à Bergerac deux condam-
nations à mort et l'exécution eut lieu devant le logis du Breuil, où l'émeute avait
commencé. L'autorité royale non contes-
tée et par conséquent puissante permet-
tait le développement de la Cité, et, à part
l'agitation sourde des calvinistes et la seconde révolte des Croquants, dont nous allons
parler, Bergerac fut désormais tranquille et
put voir chaque jour s'accroître sa prospérité.

La révolte des ducs de Rohan et de La Force
trouva des partisans à Bergerac ; mais le moment était alors mal choisi en face d'un pouvoir royal dont la force était la sauvegarde
de nos libertés : le grand ministre qui se
sentait assez fort pour réduire La Rochelle
(1628), ne devait pas pardonner à Bergerac :
Richelieu fit investir la place, qui se rendit
en 1621. Les fortifications furent rasées et les
privilèges se trouvèrent amoindris.

Dans la sédition des *Croquants* nous voyons
une suite de la révolte calviniste ; ce fut une
sédition socialiste, anarchiste même, dirions-
nous aujourd'hui, qui trouva sa raison d'être
dans les troubles du calvinisme. C'est près
de Bergerac, avons-nous dit, la première place
forte du midi après Bordeaux, que les Croquants purent se reconstituer après leur
quasi-dispersion de 1593 par la prudence de
M. de Bourdeille. En 1630, ils étaient mena-
çants et ravageaient les environs de Bergerac.
Profitant du malaise que les guerres de re-

ligion avaient causé, les Croquants soulevè-
rent le pays qui était presque ruiné par la
guerre, les impôts, la famine et la peste.

Près de 50,000 hommes, disent certains
chroniqueurs, reconnaissaient pour chef un
aventurier du nom de Lamothe de Laforest,
originaire du Bugue. Avec 6,000 hommes,
Laforest mit le siège devant Bergerac le
10 mai 1637 et s'établit devant la porte Lougadoire. Les consuls suppléent à l'absence
des fortifications en élevant des barricades et
parlementent en vain avec l'envoyé de Laforest, un certain Le Turc de Grenay. Le maire
effrayé quitta la ville. Laforest s'installa à
l'hôtel-de-ville le 13 mai, et, chercha à en
imposer à une ville sans défense afin de la
mieux rançonner. Pendant ce temps, ses
partisans pillaient la ville, les environs et
entr'autres châteaux celui de la Roque, sur la
Dordogne, appartenant au maire de Bergerac,
Milon de La Renaudie, qui avait abandonné
son poste.

Les Croquants quittèrent Bergerac le
6 juin sur l'annonce de l'arrivée des troupes
de La Valette envoyé contr'eux par le duc
d'Épernon, gouverneur de la province. La Valette battit les Crocquants à La Sauvetat et à
Eymet. Grelety, un chef Croquant, tint encore la campagne dans les bois, mais finale-
ment fit sa soumission en août 1637.

En 1649, Mgr le duc d'Épernon, gouverneur
de la province, séjourna à Bergerac et fut
reçu par Raimond Bouygue, consul. Le gouverneur, qui était par deux fois déjà venu à

Bergerac en 1622 et 1624, logea en 1649 der-
rière l'Eglise Saint-Jacques, rue de la Myrpe.

Ces visites à Bergerac des gouverneurs de
la province avaient pour but de faire sentir
aux habitants si troublés par les calvinistes
et leurs séditions l'autorité protectrice du
roi.

Voici un curieux récit de cette entrée.

✿✿✿✿✿✿✿✿✿

L'ENTRÉE ROYALLE & MAGNIFIQVE

DU ROY EN SA VILLE

DE BERGERAC

*Ensemble, l'humble remonstrance des Députez de l'Assemblée et
Bourgeois de la Rochelle à sa Maiesté, iouxte la copie imprimée
à Paris, chez Estienne de l'Oreille ruë Fleurelle, en l'Vniver-
sité. M. DC XXI avec permission.*

E roy estant party de Saint Iean d'Angély
s'achemina à Coignac, et de là il fut aduerty
de la part de Monsieur de Mayenne de la
nécessité qu'il auoit de dauantage de forces, pour la
continuation du siège de la ville de Bergerac, où il
estoit : Ce qu'entendu par sa Maiesté, et aussi ayant
eu aduis de la résolution des assiégez et des grandes
fortifications et munitions dont ils s'estoient munis,
et du nombre de soldats et noblesse qui y estoit, se

délibéra de s'y trouuver en personne, et de y con-
duire le reste de son armée.

Cependant les assiégeans et les assiégez par sor-
ties, rencontres, choqs, assauts et repoustements,
font paroistre à toute heure qu'ils sont braues soldats,
et qu'ils ne veulent rien céder les vns aux autres, où
gist leur honneur.

Or, pour ce que le dit sieur Duc recogneut ses
forces trop foibles pour attaquer, et emporter vne
telle place, se retrancha et se mit à couvert, en
attendant le secours qu'il ploiroit à Sa Maiesté luy
enuoyer, de laquelle ayant sceu la volonté, il en
receut vn insigne contentement.

Et de vray, auec le peu de gens qu'il auoit et
qui ne consistoit seulement qu'en quatre mille hommes de pied, douze cens cheuaux, et quatorze pièces
de batterie, et quatre pièces de campagne, n'estoit
bastant pour emporter vne ville munie de soixante et
quatre pièces d'artillerie fournies de tout poinct, de
tout l'atirail et choses nécessaires, remplie de plus
de quatre mille hommes, propres à porter les
armes, remplie iusques à regorger de vivres, enui-
ronnée de grands et profonds fossez d'vne part, et
de l'autre d'vne riuière qui la fortifie beaucoup, et
de plus, de hautes et espesses murailles toutes ter-
rassées, accompagnées de grand nombre de fortes
tours, esperons, parapets, et autres défences, et
après les dictes murailles en dedans, encores d'autres fossez assez profonds tout à l'entour ; et les
maisons scises sur les fosséz descouuertes, et remplies de terre depuis le bas iusqu'en haut, qui est
vne puissante fortification.

C'est ce qui haussoit le cœur et courage de ces
Messieurs de Bergerac, considérans leurs fortifications, leurs viures, leurs canons, leurs munitions de
guerre, et leurs soldats, mais dauantage le grand
nombre de noblesse, braues capitaines et chefs
d'armées qui estoient auec eux, et entre-autres Mon-

sieur le duc de Rohan, Monsieur de la Force, braue
et généreux capitaine qui doit tenir vn des premiers
rangs entre les conducteurs des armes, tant pour le
conseil que pour l'exécution, et le vray père du
soldat : le compte de Fabas y estoit aussi, seigneur
de grande expérience, 'auec vn nombre de sembla-
bles qui seroit trop long à raconter.

Mais quoy que l'homme propose, Dieu souuent en
dispose tout autrement : et est admirable le subit
changement, et de ceste noblesse, et des habitans et
appert en cecy que Dieu y œuura : car ayant faict
vne furieuse sortie le douxiesme jour de juillet sur
les assiégeans laissèrent des marques de leur grand
courage, et de la force et puissance qu'ils auoient en
main.

Et le lendemain treiziesme dudict mois proposè-
rent en leur conseil d'enuoyer les clefs de leur ville
à sa Maiesté, lui offrir leur personnes, leurs biens, et
tout ce qui estoit en leur puissance à son seruice :
auec très humbles prières de les tenir pour ses très
humbles et affectionnéz seruiteurs desormais, reque-
rant pardon de tout ce qu'ils auoient fait iusques
alors : qui n'auoit néantmoins esté sinon que pour la
défense de leur créance et liberté de leurs cons-
ciences que on leur auoit donné à entendre que les
ennemis du roy et les leurs leur vouloit rauir, mais
ayant recogneu que ce n'estoit qu'ombrages, ils se
jettoient aux pieds de sa Maiesté, pour iouyr des
fruicts de sa Clémence accoutumée.

Cela fut résolu et exécuté : Et le sieur Compte de
Fauas, accompagné des escheuins de la ville et de
quelque Noblesse, aiant trouué le roy (ja en chemin
pour venir au siège) fait sa légatiov, et est receu de
sa Maiesté auec vne indicible Clémence et débon-
naireté, leur accordant libéralement et Royalement
tout ce qu'ils demandoient et leur pardonnant, leur
dict qu'ils vouloit voir leur ville, et ainsi les
renuoya.

Les dicts sieurs de Fabas et Escheuins, estans de retour à Bergerac, avec vn insigne contentement de sa Maiesté, resiouysrent merueilleusement tout ceux qui estoient, en la ville, et d'une telle resiouyssance que les Catholiques en chantèrent le *Te Deom*, et les autres auec volées de canons, feux de joye et chants à leur mode, qui tesmoignaient ce qu'ils auoient en l'âme.

Cependant on aduise au Conseil d'Hostel de ville pour l'entrée du Roy, luy voulant tesmoigner extérieurement leur intérieur. Mais voyant le temps brief, firent leur préparatifs auec moins de loisirs qu'ils ne désiroient, et néantmoins firent telle diligence qu'ils en sont à admirer.

Or l'entrée vrayement magnifique et Royale, fut telle, que le scisiesme iour de iuillet sa Maiesté accompagnée de messeigneurs les princes du Sang, de Monseigneur le connestable et plusieurs autres Princes et principaux Officiers de son Royaume et de son armée, arriua à quatre lieuës de Bergerac, où se trouuèrent tous les grands Seigneurs, Capitaines, Escheuins et Noblesse de dedans la ville, lesquels se iettant au pieds de sa Maiesté, furent d'elle Royalement, et paternellement receus.

Sa Maiesté à cheminant à ladite ville et ayant fait enuiron vne lieuë, rencontre toute la ieunesse d'icelle, scauoir garçons et filles, depuis l'aage de cinq ans iusques à douze, tous vestus de blanc depuis la teste iusques aux pieds, marchant par ordre quatre à quatre, ayans chacun vne branche de laurier en la main droicte, et deuant et après ceste trouppe marchoient quatre Déesses représentant les Vertus et parmy la troupe y auoit des iouëurs d'instrumens de Musique, habillez en Orphée, iouans et chantans mélodieusement.

A la rencontre de la personne de sa Maiesté, les Musiciens, les Déeses et la troupe, auec son d'instruments et voix, crient par trois fois : Viue le Roy,

Viue le Roy, Viue le Roy. Et à l'instant mettent les genouils en terre, et crient tout haut : Pardon, Sire, pardon. Ausquelles parolles le roy respond Ie pardonne tout. Et se levant crièrent derechef plusieurs fois Vive le Roy : et auec chant et musique accompagnèrent sa Maiesté vne demy lieuë ou enuiron : Auquel lieu estoit arriuant le Clergé en Procession auec les Croix et bannières, ayant vn extrème allegresse de voir sa Maiesté, bénisans et louans Dieu de sa prospérité.

Au dict lieu y auoit esté construit un pauillon artistement élabouré faict de branches de Laurier, Romarin, Lauandes et autres arbrisseaux aromatiques croissant au pays.

Au frontispice y auoit une déesse Victoire, et aux quatre coings y auoit quatre figures excellentes, à scavoir: vn Mars, vn Bellus, vn Hercules et un Cesar : au dessus vn Iupiter assis sur un aigle et vn foudre en sa main.

Au dedans, la parure estoit plus excessives en richesse et en coustance, mais moins agérable à la veüe, tout y reluysoit doré. Il y auoit quelque tables dressées auec vn bon rafraischissement, le Roy fit là halte d'vn quart d'heure ou enuiron.

Passant outre à quelques pas plus loing sa Maiesté voit un grand Arc triumphal fait et déressé, partie de Lierre de Pampre et d'Orbel artificiellement façonné, où y auoit la Déesse l'ortune à dextre, et Iunon à senestre, et au miüeu une Néreïde, paroissant depuis le nombril en haut. Aux deux costez estoient cachez des Musiciens, chantans et ioüant par excellence, ce qui fut grandement admiré.

Enuiron à cent pas plus outre y auoit vn rocher fait de mousse, où il sourdoit plusieurs fontaines artificielles, les vnes iettans par petits tuyeaux de l'eau, les autres vin blanc et autres vin rouge, y auoit au dessous vn Hermitage semblant fort vielz

auprès vn petit bocage, d'ou on entendoit le gazouil-
lis des petits oiseaux.

Or de la en auant iusques à la porte de la ville, y
auoit paillissades de part et d'autres exquisement
accommodées, et le chemin parsemé d'herbes et
fleurs.

Mais loin du susdict Rocher, d'vn quart de lieüe,
y auoit encor vn autre Arc triumphal ou estoient
dressées trois figures, à scauoir : Iustice ayant les
yeux bandez, tenant en la main droite vn espée nuë,
en la gauche vne balance égalle, vn pied ferme
assis, l'autre à moytié levé comme pour cheminer
chaussée de brodequins et vn genouil descouuert,
plus vne Déesse Flora et vne Céres. Aux deux costez y auoit quelques pièces de canon quon tira pour
saluer le Roy.

Vn peú au delà estoit vn Fort dressé à plaisir, où
l'on donnoit des assauts, comme aussi ceux de
dedans se défendoient courageusement, et print sa
Maiesté vn singulier plaisir à cela, comme aussi tous
ceux qui estoient en sa suitte.

A deux cens pas de là, y auoit encor vn beau
Pavillon très riche, de tapisserie à haute lisse, ou le
roy s'arresta, et de là fut conduit iusques à la ville
souz un Daiz magnifique et riche, orné de pierreries, et broderie de fin or. Monsieur le Duc de
Rohan, le Comté de Fabas, le Comte de la Suze et
le sieur de Boisse portaient le Daiz. Après suyuoient les Eschevins accompagnéz de six cens cheuaux armêz de pié en cap, qui apres auoir faict la
réuérence à Sa Maiesté, firent exercice deuant elle.
En fin le Roy estant proche de la ville, les canons
faisans la saluade auec tel tintamarre que meruelles.
Boites, pétards, bombardes, feux d'artifice esclatoit
de toute pars, et sortit huict cens ieunes hommes
d'élite, habillez somptueusement, et arméz par
excellence, conduits par vn ieune Gentilhomme de
la ville qui ayant faict la réuérance harangua deuant

le Roy offrant son seruice et de sa trouppe à sa
Maiesté, à laquelle ils firent voir qu'ils estoient bien
dresséz aux armes.

Arriuéz à la porte, qui estoit ornée et embéllie,
par art, descendit d'en haut une grenade deuant le
Roy, laquelle s'ouurist en deux, où estait une très
belle fille couuerte d'vne robbe de toille d'argent, et
fist une harangue à sa Maiesté luy présentant vne
requeste pour la ville, laquelle luy fust accordée, et
après s'estre inclinée deuant le Roy, pour le remercier, et s'estant releuée, la Grenade se referme et fut
enleuée parmy vn nuage d'vn ciel artificiel d'où elle
estoit descendue.

Deuant sa Maiesté marchoient les cheuaux légers
tous en bel équipage, puis quelques Princes et
grands Seigneurs. Apres les cent Gentils-hommes
ordinaires, suyuoient les Pages de la grand'Escurie et
partie de ceux de la Chambre de sa Maiesté. Cinquante Suisses des gardes ordinaires auec leurs toc-
ques et armes accoustumées, conduicts par monsieur
le Duc de Bouillon comte de Maulleurier, leur Colo-
nel, marchoient en bel ordre, tambours battant et
fiffre iouant. Vingt et quatre Trompettes sonnants
haut et clair, précédoient sa Maiesté, puis le Roy
souz le susdit Daiz, accompagné de Monsieur le
Prince d'vu costé et Monsieur le Connestable de
l'autre. Après cinquante autres Suisses, qui auoient
en teste Monsieur de Beau-regard, l'vn de leurs
Capitaines François, et le Capitaine Jean, Suisse,
enseigne. Et après eux le reste des Pages de la
Chambre et ceux de la petite Escuyerie.

En après les Officiers principaux de la Couronne
et de l'armée, suiuis de plus de trois mille Seigneurs
que Gentils-hommes, dont les noms et qualitez
seroient trop longs à reciter : mais ie diray seulement qu'ils estoient magnifiquement paréz tant de
pierreries sur leurs vestements, que sur leurs armeu-
res, montéz à l'aduantage et à la guerrière,

Vn nombre infiny de peuples affluoient de toutes
parts, pour voir sa Maiesté, et y eust eut de la
confusion si on n'y eust préneu, car tous les Régiments des Gardes tant Françoises que Suisses estoient
en haye qui l'empeschèrent.

Tout le dedans de la ville par ou le Roy deuoit
marcher, estoit tapissé et tendu de haut en bas des
plus belles tapisseries qui fussent au dit lieu, et des
eschauffaux magnifiquement paréz, ou estoient plusieurs Musiciens et ioueurs d'instruments, plusieurs
arcs triomphaux, plusieurs reposoirs très-riches,
ornés de plusieurs figures antiques que chacun
admiroit, et estime que toutes ces choses estoient
preparées de longue main, quoy qu'ils en ayent fait
mine que non, n'estant possible d'auoir faict tant et
de si beaux ouurages en si peu de temps qu'ils ont
eu. Ce n'estoit qu'allégresse, que cris de ioye, viue
le Roy, que vollées de Canon, que feux ordinaires
et artificiels. Le Roy fut conduit vers la grande
Eglise, ou l'attendoient plusieurs Cardinaux, Arche-
uesques, Euesques et vénérables Prélats, qui receu-
rent sa Maiesté en ioye indicible : et entrant dans
l'Eglise on chanta de rechef le *Tedeum*, l'Eglise
parée d'ornemens grandement riches, tous en haute
lisse d'or, d'argent et soye, les Chappelles et Autels
ornez de grand'richesses.

Après l'Action de graces, le Roy fust mené en
l'hostel de ville, qu'on luy auoit preparé, d'ou il
r'enuoya chacun content, n'ayant rien changé de
l'ordinaire qui y estoit auparavant.

Ce qu'entendu par les rochellois, députèrent vers
sa Maiesté le sieur Duc de la Trimouille, et le maire,
qui eurent audience, et estant à genoux deuant sa
Maiesté, le dict sieur Duc humblement luy fit sa
harangue en ceste sorte : Sire, Vos très-humbles et
fidelles subiects les habitans de vostre ville de la
Rochelle, supplient très-humblement vostre Maiesté
leur vouloir pardonner la faute qu'ils ont commise

par ignorance, et non par malice contre icelle, re-
connoissans par le traictement faict par vostre
Maiesté es villes de S. Jean d'Angély, Pons, et maintenant Bergerac, qne ce qu'ils craignoient le plus
au monde est vain, et admirans vostre Clémence par
sur tout, par nous enuoyent les clefs de la ville à
vostre Maiesté, demandent le pardon qu'ils espèrent
d'icelle, désirans désormais de viure pour son seruice, et d'y employer et leurs biens et leurs vies.

Ausquels le Roy fist ceste response : l'éstendray
ma miséricorde à qui me la demandera, et garderay
(Dieu aydant) mes bons et loyaux seruiteurs, de
mal : et tant que les Rochelois se contiendront au
deuoir qu'ils me doiuent, ie les conserueray, Allez
et leur faites enteñdre.

> Nous empruntons ce récit à une curieuse plaquette gra-
> cieusement communiquée par M. Lespinas, ancien
> magistrat.

Voici la description que fait de Bergerac l'histo-
rien du roi Louis XIII.

Bergerac est estimé en la province de Guienne d'être une ville
de très grande importance, soit pour la richesse des habitants,
pour les diverses sortes de trafics, et à cause qu'il y a un siège
présidial d'une partie de la sénéchaussée du Périgord, et pour ses
grandes fortifications, sa situation est sur la rivière de Dordogne
dans une grande plaine, n'est point commandée au dedans de la
ville ; il y a de très belles fontaines et un grand ruisseau qui fait
moudre cinq à six moulins à blé et un à cuivre, sa fortification a
été construite diversement; car du temps des guerres et de la
ligue, le défunt roi Henry le Grand la fit fortifier de cinq
bastions, d'une tenaille et d'un demi bastion, une partie sont
pièces détachées, et l'autre est liée par ses courtines en l'an 1615.
— On traça cinq grands bastions et deux demi, le moindre de
quarante toises de face, et de seize à dix-sept d'épaules, ses lignes
de défense de octante et nonante toises, ses fossés de quinze
toises de largeur à l'angle flanqué, et creusé en beaucoup
d'endroits jusqu'au roc. De l'autre côté de la rivière, regardant
au midi, il y a un bourg appelé de la Madeleine, où on va par un
beau pont qu'il y a sur cette rivière. Ce bourg est fortifié de trois
bastions et deux demis avec les mêmes proportions de ceux de la

ville. Toutes les susdites fortifications furent commencées en janvier 1621, et en état de défense, hors un seul bastion qui n'est pas parfait, non plus que les contrescarpes et parapets. Les hommes de défense de la ville, bailliage et petites églises circonvoisines, sont pour le moins deux mille bien armés, et autant pour le travail, les vivres, munitions de bouche et vêtements, peuvent suffire à ce qu'il en faudrait pour un an, comme aussi les salpêtres et poudres, il y a sept pièces d'artillerie de divers calibre, et quarante à cinquante fauconneaux et grande quantité de boulets de fer.

✿✿✿✿✿✿✿✿✿✿✿✿

Louis XIII qui avait logé dans la maison Peyrarède, quitta Bergerac le 17 juillet. Il alla coucher à Aimé (Eymet), petite ville, — dit la chronique du temps, — appartenant au comte de Curson. Lé roi remarqua le mauvais chemins pour son canon et le charroi de ses munitions qui demeuraient en arrière grande demie lieue, qui en vaut près de deux françaises, et, dit alors qu'il estoit bien marry de n'avoir esté mieux informé de l'embarras du chemins parce qu'il eût séjourné un jour de plus à Bergerac.

Pour mieux établir son autorité, le roi Louis XIII pendant son séjour à Bergerac nomma lui-même le maire et les consuls. Précédemment, le seigneur ou son bailli choisissait huit consuls sur douze présentés par les consuls sortants ; cette désignation se faisait chaque année le jour de Sainte-Madeleine.

De même qu'en Bretagne(1) où le nouvel impôt dit du *papier timbré*, avait occasionné des émeutes, en Guyenne, l'opposition populaire contre les nouveaux édits de Louis XIV revêtit un caractère tout particulier de révolte et même de sauvagerie.

Après la guerre de Hollande, le trésor était obéré et le génie de Colbert parvint à rétablir l'équilibre des finances par de nouveaux impôts sur le tabac, la marque des vaisselles d'étain et la généralisation du papier timbré.

Ces impôts venant après la réformation des eaux et forêts, la recherche de la noblesse, la réformation du domaine, les devoirs de contrôle d'affirmation, les taxes des francs-fiefs, des offices, des arts et métiers, atteignaient toutes les classes.

Après la sédition de Bordeaux à ce sujet (du 26 au 30 mars 1675), Bergerac se souleva. Exemptée jusqu'à ce jour de la taxe du papier timbré établie dès 1655 sous le ministère de Fouquet, notre ville voulait toujours jouir de cette immunité, aussi protestait-elle par la révolte contre la mesure généralisatrice de Colbert. Le 4 mai 1675, l'émeute devint menaçante et fut maîtresse de la ville. Les révoltés pillèrent la maison (sur le Caudeau) de Charles Bailhol, préposé à la garde et vente du papier timbré. Les hommes et surtout les femmes en grand nombre au cri de : *Vive le roi sans gabelle !* envahirent l'Hôtel de Ville, et, auraient fait un mauvais parti à maître Jean Lespinasse, contrôleur aux greffes, sans l'énergie des consuls qui le protégèrent au péril de leur vie. Entre le couvent des Jacobins et la porte Lougadoire, les émeutiers brûlèrent en feu de joie toutes les réserves de papier timbré prises chez Bailhol.

(1) Lettres de Mme de Sévigné. — 20 décembre 1675 au comte de Bussy-Rabutin.

Pour prévenir tout malheur, le maire, M. de
Chillaud et Calcaud, premier consul, envoyèrent à
Bordeaux auprès du maréchal d'Albret, gouverneur,
les sieurs Prioreau (Daniel), conseiller et prócureur
du roy, Jean Grenier, avocat en la cour et Pierre
Escot, bourgeois, à l'effet de maintenir pour un
temps l'exemption de l'impôt. Sur les remontrances
des délégués, Monseigneur le maréchal d'Albret
ordonna à son intendant de Sève de marcher sur
Bergerac avec de la cavalerie. Ses Dragons étaient
déjà aux portes de Bergerac (6 mai), à la Cavailhe,
quand le maire et les consuls pour empêcher l'effu-
sion du sang, usèrent d'un habile stratagème, qui
consista, de concert avec l'intendant de Sève, à faire
croire à la population de Bergerac qu'il entrait en
pourparlers avec les troupes. Pendant ce temps, les
émeutiers furent effrayés de l'approche des dragons,
et, on profita de cette accalmie pour faire arrêter les
meneurs de la sédition. Le procureur Daniel Prioreau, les consuls Planteau et de la Mothe, Villepontoux et Lintilhac, firent incarcérer les chefs de la
révolte : Grialou, portefaix, Jean Vacher, boucher,
Burin, batelier, les femmes Anete, du Mila, Jeanne
Biscaron, femme Monnet, la Montauban, la Cava-
lière, la Bordière, la Capbriaude et la Garenaude
payèrent pour ceux et celles qu'ils avaient entraînés
dans la révolte. MM. Porchier, lieutenant criminel,
Prioreau, procureur du roy, de Chapelle, bailly, de
Villepontoux et Eyma, avocats, concoururent au
procès qui aboutit à la condamnation de tous les
coupables (4 au 6 mai 1675).

Par la suite, les fermiers généraux perçurent sans
obstacles les revenus du papier timbré.

E N 1656, Jean Domenget, sieur de Malau-
gier, receveur du Consulat, fait réparer
la maison de ville, et à ce moment le maire,
noble Simon de Langlade, fut logé à l'hôtel de
ville.

Pendant la deuxième période de la Fronde,
les habitants de Bergerac se mirent du côté
de Condé, contre Mazarin. Condé vint se
fortifier à Bergerac (1651), mais en 1652, la
ville ouvrit ses portes à l'armée royale commandée par le duc de Candale, fils du duc
d'Epernon.

En 1685, la révocation de l'Edit de Nantes
rétablit l'unité politique, mais aurait dû
sauvegarder la liberté de conscience. Des
missions prêchées par des religieux de
Périgueux et l'intervention armée ne surent
ménager de justes susceptibilités, et, l'émigra-
tion protestante en Espagne et en Hollande
qui s'ensuivit, porta un grand tort dans notre
pays à l'industrie et au commerce.

Mgr de Francheville, évêque de Périgueux,
après s'être arrêté à Campsegret, vint à
Bergerac en 1694, et y rencontra l'évêque de
Sarlat, Mgr de Bauvau.

Le XVIIIe siècle ne nous montre dans
Bergerac qu'une commune, forte dans ses
institutions, habilement dirigée par ses autorités, sous la sauvegarde puissante du pouvoir
royal.

Le 15 octobre 1759, le maréchal duc de
Richelieu, nommé l'année précédente gouverneur de Guienne, fit une entrée triomphale
à Bergerac.

En 1772, M. le marquis de Caumont obtint du roi à titre d'échange, par contrat passé à Paris le 4 juin, confirmé par deux arrêts du Conseil d'Etat en date des 12 janvier et 18 mai 1773, « le domaine de Bergerac consis-
« tant en Cens ét Rentes, Acquêts, Lods et
« Ventes, et autres Droits seigneuriaux, tant
« dans la ville de Bergerac que dans les châ-
« tellenies de Maurens et Mouleydier, les
« Droits de Relations de Martinage, etc., qui
« dépendent du dit domaine, et la haute,
« moyenne et basse Justices de la ville et
« territoire de Bergerac, avec la faculté de la
« faire exercer en son nom par les officiers,
« qui seront par lui institués et généralement,
« tous autres droits utiles et honorifiques
« desdites Seigneuries ét Justice, sans en
« rien excepter ni réserver; en contr'échange
« M. le marquis de Caumont donnait au Roi
« 84 arpens de bois de futaye, situés dans la
« forêt de Senonches, par lui acquis le 28
« novembre 1771, moyennant 42.000 livres. »

Par cet échange, Bergerac échappait à l'action directe de la souveraineté royale, surtout au point de vue de la Justice. Les habitants qui redoutaient une justice seigneurale protestèrent avec raison, en faisant valoir comme sous Heri IV les titres anciens de fidélité qui liaient Bergerac à la Couronne. Ils n'obtinrent point satisfaction.

Nos *Annales* et nos *Jurades* recueillies de nos jours par l'érudit archiviste de Bergerac, M. Gustave Charrier, font revivre les noms de Gontier de Biran, Girou Poumeau, Eyma,

Du Peyrou, Monteil, sieur de la Mouline, Chanceaulme, de Ste-Croix, Bouygue, Dufaure de Peredon, Jean de Fraignaud, Sorbier, Louis de Chamillac, Vergnol, Chanceaulme de la Séguinie et de St-Martin, Lespinasse de Lunas, de Thénac, Cosset, Pourquery de Labigotie-Laroche, Planteau de Marsalet, Courssou de Cailhavel, etc., etc.

Tous ces noms, à un titre quelconque, sont mêlés à la vie de Bergerac au siècle dernier.

La révolution eut son contre-coup social à Bergerac. Les députés de la noblesse, le marquis de Foucauld ét le comte de La Roque de Mons présentèrent aux états généraux les cahiers de leurs représentants où il était dit entr'autres choses:

« Que les cultivateurs, cette partie la plus nom-
« breuse et la plus intéressante du Tiers Etat, for-
« ment au moins la majorité des représentants de
« cet Ordre aux Etats Généraux et particuliers;

« Que toute liberté soit accordée à la presse, sous
« la condition de la signature de l'auteur et de l'im-
« primeur et du dépôt du manuscrit ;

« Que tout privilège local qui gêne le commerce ;
« et l'exploitation des denrées coloniales soit sup-
« primé comme attentatoire au respect dû aux pro-
« priétés ;

« Que tout homme qui, n'ayant aucune propriété,
« n'a de ressource que dans ses bras, soit exempt
« de tout impôt. »

Les députés du Tiers Etat furent MM. Guillaume-Gontier de Biran, lieutenant général et maire de Bergerac, Pauilhac de la Sauvetat, avocat de Villamblard, Loys jurisconsulte,

et Fournier de la Charmie lieutenant criminel
du Périgord, dont les cahiers mentionnent :

« Suppression du tirage de la milice et remplace-
« ment par des enrôlements volontaires aux frais de
« la province.

« Suppression des privilèges des villes.

« Que les droits quelconques établis sur les vins
« et eaux-de-vie soient abolis tant pour l'intérieur
« que pour la sortie du royaume afin qu'ils circulent
« librement ; que tout privilège à ce contraire soit
« anéanti et qu'en cas d'impossibilité de ladite sup-
« pression, les droits soient réduits pour la province
« du Périgord au taux du pays bordelais.

« La prorogation des délais fixés par l'édit des
« hypothèques et l'affiche à la porte de l'église
« paroissiale où les biens sont situés.

« La liberté de la presse, sauf à punir les faiseurs
« de libelles et ceux qui écriraient contre la reli-
« gion et les mœurs.

« L'uniformité des poids et mesures dans toutes
« les provinces.

« La suppression des douanes dans l'intérieur du
« royaume et leur roulement aux frontières.

« Une députation directe de Sarlat et de Bergerac
« aux Etats Généraux.

« Le rétablissement (par les députés de Bergerac
« seulement) du présidial.

« Par les députés de Bergerac, la nullité et cassa-
« tion du contrat d'échange de la ville et châtellenie
« de Bergerac passé en juin 1772, entre le roi et la
« maison de La Force.

« La réédification du pont de Bergerac, la cons-
« truction de la route de Lyon à Bordeaux passant
« par Bergerac, et d'une route de Bergerac à Ton-
« neins par Eymet. Des travavaux de navigabilité
« pour la rivière du Dropt. »

Les députés de Périgueux ont déclaré protester contre les demandes particulières des députés de Sarlat et de Bergerac en ce qu'elles pourraient contenir de préjudiciable aux intérêts de la sénéchaussée de Périgueux.

Nous ne parlerons pas à dessein de la tourmente révolutionnaire, ne voulant pas que nos appréciations, reflet de nos convictions, éveillent certaines susceptibilités; aussi passons-nous sous silence l'administration du Conventionnel Lakanal, dont nous ne retiendrons que la création d'une fabrique d'armes. Cette fabrique fut installée aux Vedelles, près Bergerac, et construite avec les matériaux provenant de la destruction du château de La Force. Elle ne fonctionna que quelques années et produisit en tout une vingtaine de mille fusils.

Le 9 thermidor en rouvrant les prisons inaugura une ère de calme; et, sous le directoire, le consulat, l'Empire et la Restauration, Bergerac offre à notre admiration le grand philosophe spiritualiste, Maine de Biran.

Maine de Biran, naquit en 1766, au château de Grateloup, près Bergerac. En 1785, il entra aux gardes du corps et fut blessé, au 6 octobre 1789, à Versailles, en défendant la famille royale. Souffrant de cette blessure et étant de constitution délicate, Maine de Biran se retira sur ses terres de Grateloup et se livra à l'étude. En 1795 cependant, il s'arracha là a retraite et accepta les fonctions d'administrateur du département de la Dordogne. Il fut élu député aux Cinq-Cents et comme tel réagit contre les procédés des derniers représentants de la Terreur. Son attitude inquiéta bientôt le Directoire, qui réussit pour se débarasser de Maine de Bibran, à faire annuler son élection, à la suite du coup d'Etat du 18 fructidor (4 septembre 1797).

Maine de Biran rentra alors à Grateloup et reprit ses études de philosophie. Son premier ouvrage : *Influence de l'habitude*, couronné par l'académie, en 1802, appela l'attention sur lui. En 1805, l'académie couronne encore son étude sur la *Décomposition de la Pensée*. L'académie de Berlin lui décerne un prix à l'occasion de son mémoire sur l'*Aperception immédiate* (1811) et l'académie de Copenhague couronne, en 1811, son important ouvrage sur les *Rapports du physique et du moral*.

En 1806 Maine de Biran est nommé sous-préfet de Bergerac; il fonda dans notre ville une *société médicale et littéraire*, pour laquelle, il composa deux ouvrages : *Nouvelles considérations sur le sommeil les songes et le somnambulisme* et *Observations sur le système du docteur Gall*.

Tout en restant sous-préfet de Bergerac jusqu'en 1811, Maine de Biran était député de l'arrondissement depuis 1806. En 1812, il s'établit définitivement à Paris et alors s'affirma dans le Parlement, avant M. Lainé, royaliste intransigeant. En 1814, au retour de Louis XVIII, Maine de Biran reprend pour la forme ses fonctions de garde du corps. En 1815, il fut nommé questeur de la Chambre et le Roi l'appella en 1816 à faire partie du Conseil d'Etat. Maine de Biran mourut à Paris en 1824.

Comme philosophe, Maine de Biran est considéré comme le chef de la nouvelle école spiritualiste qui a succédé officiellement en France à celle de Condillac. Royer-Collard disait de notre compatriote : « C'est notre maître à tous », et Cousin appelait Maine de Biran le plus grand métaphysicien qui ait honoré la France depuis Malebranche.

Le dernier ouvrage de Maine de Biran date de

1817, c'est un *Examen des leçons de philosophie de Pierre Laromiguière.* Cousin a réuni les œuvres de Maine de Biran en une édition en 4 vol. in-8° (1841). En 1857, M. Naville a publié un ouvrage intitulé : *Maine de Biran, sa vie et ses pensées.*

On peut voir encore au château de Grateloup une Bible et une édition de Plutarque annotées de la main même du célèbre philosophe.

Nous arrêterons notre récit sur Bergerac, en parlant de ce qui fait battre chez nous le cœur de tous les Français ! Le monument des Mobiles de Coulmiers rappelle le courage des enfants du Périgord sur les champs de batailles de la Loire en 1870, et on lit sur le socle de la statue :

LES MEMBRES DU GOUVERNEMENT DE LA DÉFENSE NATIONALE

En vertu des pouvoirs à eux délégués :

Considérant que les corps dont la désignation suit, se sont particulièrement fait remarquer par leur intrépidité et leur sang-froid dans les combats qui ont amené la reprise d'Orléans ;

DÉCRÈTENT :

Les régiments de la Garde Nationale

*mobile de la Dordogne et de la Sarthe, sont
mis à l'ordre du jour de l'armée.*

Tours, le 17 novembre 1870.

A. FOURICHON, GLAIS-BIZOIN, L. GAMBETTA, A. CRÉMIEUX.

Par le Ministre,

Le délégué au département de la guerre :

Comte de FREYCINET.

Que la bravoure des vainqueurs de Coulmiers soit un exemple et une espérance pour
nous !... *Ituri in aciem majores et posteros
cogitate !.....*

IV

ANCIENS ETABLISSEMENTS RELIGIEUX

Notre-Dame-du-Château. — Chapelle des religieuses de Fontevrault en 1122; la plus ancienne des Eglises
de Bergerac, servit ensuite de chapelle au château.
Revint plus tard église paroissiale. Louis XIII la
donna en 1621 aux Récollets.

Eglise Saint-Jacques (Saint-Jàmes, sous les Anglais).
La légende veut qu'elle date de Saint-Front ; dé-
pendait d'abord du pieuré Saint-Martin, fut restaurée
en 1352 par les consuls ; en 1405, la grande voûte fut
refaite ; en 1505, réfection du clocher. L'église fut
démolie en 1685, excepté toutefois le clocher ; reconstruction en 1701.

Le prieuré de Saint-Martin au Mercadil et la cure
de Saint-Jacques furent unis et annexés à la *Mission*
de Périgueux sous l'épiscopat de Mgr Philibert de
Brandon, évêque de Périgueux de 1648 à 1652. La
Mission eût une succursale à Bergerac à côté de

l'Eglise de St-Jacques, dans la maison servant actuellement de presbytère.

L'Eglise Sainte-Catherine était sur l'emplacement
actuel de l'Eglise Notre-Dame. Elle date de 1491 et
fut construite par Guillaume d'Aitz, prieur de Saint-
Martin.

Pour les Jacobins, voir une note précédente sur
Renaud de Pons et Marguerite de Turenne. Le duc
d'Anjou logea aux Jacobins, pendant le siège de 1377.
C'est dans ce couvent que mourut, au XIII⁰ siècle, le
troubadour Saïl de Scola, qui à la fin de sa vie devint
frère prêcheur.

Les Cordeliers, ou Frères Mineurs. — Voir la note
sur Renaud de Pons. On a trouvé dans l'Eglise et
l'enclos des Cordeliers, les sépultures des seigneurs
de Biron, de Laforce, de Longa, d'Estissac et Labaume.
A chacune de ces funérailles seigneuriales, les consuls de Bergerac, fournissaient de 12 à 24 torches
aux armes de la ville et faisaient sonner les clochés
du consulat et de St-Jacques de *bord en bord* (*Jurades*,
1517, 1520, 1522).

Les Carmes étaient situés près de la porte Bour-
baraud, sur l'emplacement actuel du palais de Justice.
Ce couvent fut fondé par les ducs de Lauzun, au
XIII⁰ siècle. Leur jardin et demeure sont aujour-
d'hui la promenade du *Jardin Public*.

Les Dames de la Foi étaient établies dans le local
de l'hôpital de la rue Neuve-d'Argenson ; leurs fonda-
trices furent deux sarladaises Mˡˡᵉˢ Ballot de Layadou
et de Dorat ; elles se livraient à l'enseignement. Elles
disparurent à la Révolution et leur couvent devint
l'hôpital.

Les Récollets. — François des la Beraudière,
évêque de Périgueux, de 1614 à 1646, établit à Bergerac en 1620, une mission qu'il confia aux Recollets,
religieux réformés de l'ordre de St-François, pour
prêcher contre les Calvinistes. Les Récollets s'éta-
blirent dans quelques bâtiments rapprochés du château. Louis XIII, l'année suivante, par acte officiel,
leur donna la propriété du château, qui du reste était
en ruines et disparut peu à peu. Le 20 mai 1623,
l'évêque de Périgueux, consacra la chapelle.

La Miséricorde date de 1741 (de Froidefond était
curé de Saint-Jacques), elle eut pour fondatrice Elisabeth de Sorbier du Seran, assistée de Mesdemoi-
selles Elisabeth Boucherie, Rose Desmaison, de
Teyrac et Isabeau Drion.
Leur couvent fut établi près de l'église Saint-Jacques; il y était encore en 1841, époque où la prospérité de la communauté fit transporter le couvent
rue Saint-Esprit. C'est le seul couvent qui ait survécu
à la Révolution.

L'hôpital ou commanderie de Saint-Antoine au
faubourg (actuellement hospice des vieillards) existait dès le XVe siècle.

L'hôpital de Bergerac (ancien collège rue Saint-
Esprit), était un des plus anciens du royaume. Il
devint une dépendance de celui de Montpellier, qui
relevait lui-même de l'hôpital du Saint-Esprit à
Rome, que le pape Innocent III fit édifier en 1198.
Une bulle du pape de la même année 1198 constate
que l'hôpital de Bergerac appartenait aux frères du
Saint-Esprit. De là l'origine de la dénomination
actuelle de rue Saint-Esprit.

Temples. — Le premier temple protestant fut
édifié en 1562 sur les ruines de l'Eglise Ste-Catherine
du Mercadil; un autre temple fut bâti à la Made-

leine (actuellement rue du Temple) à la suite de
l'Edit de Nantes et supprimé lors de la révocation de
cet Edit. Un troisième temple était situé à côté de
l'Eglise St-Jacques et fut supprimé le 31 octobre 1634
pour être réédifié en 1636 sur la place où se trouve
aujourd'hui le Marché Couvert. Ce temple fut rasé
en 1682 sur la demande du curé de Bergerac, Bernard, à la suite de deux arrêts des Parlements de
Bordeaux et de Toulouse. Le temple actuel est sur
l'emplacement Notre-Dame du Château où se tenaient les Récollets.

Le couvent des Récollets sécularisé et confisqué
par la Révolution fut mis en vente et acheté par le
Consistoire protestant en 1792. L'argent de l'achat
provenait d'un legs fait en Hollande par noble Jean
Du Peyrou de Bergerac, réfugié protestant depuis la
révocation de l'Edit de Nantes.

V

M. Félix FAURE

LE président de la République Fran-
çaise, M. Félix Faure, est né à
Paris le 30 janvier 1841. Il est donc
âgé de cinquante-quatre ans.

Armateur au Havre où il était consul
de Grèce, M. Faure fut président de la
chambre de commerce de cette ville,
où il jouit d'une grande notoriété.

Pendant la guerre franco-allemande
il commanda un bataillon de la garde
mobile, et amena, du Havre à Paris,
des secours contre les incendies de la
Commune.

Son rôle politique commence en
1881.

A cette époque, il fut élu député dans la troisième circonscription du Havre, et, le 14 novembre de la même année, il entra, en qualité de sous-secrétaire d'Etat, au ministère du commerce et des colonies, dans la combinaison Gambetta. Au mois de janvier 1882, M. Faure abandonnait ce poste, par suite de la chûte du grand ministère.

Il remplit les mêmes fonctions dans le ministère constitué par M. Jules Ferry le 24 septembre 1883, et il donna sa démission, avec tout le ministère, le 31 mars 1885, à la suite de l'affaire de Lang-Son.

La même année, il fut réélu, le troisième sur douze, par les électeurs du département de la Seine-Inférieure, qui lui accordèrent 80,000 suffrages sur 149,000 votants.

Pour la troisième fois, il occupa le poste de sous-secrétaire d'Etat aux colonies, dans le cabinet Tirard, du 5 janvier 1888 au 16 février suivant.

Aux élections de 1889, au scrutin d'arrondissement, il se présenta dans la troisième circonscription du Hâvre, où il obtint 2,000 voix de majorité sur son concurrent.

A la Chambre, où il était un des chefs du groupe de l'Union républicaine, M. Félix Faure a pris souvent la parole dans les questions coloniales.

M. Félix Faure a été vice-président de la Chambre, et, dans le dernier ministère, il tenait le portefeuille de la marine.

M. Félix Faure fut nommé chevalier de la Légion d'honneur le 31 mai 1871 en récompense de sa bravoure pendant la guerre.

M. Félix Faure a été élu président de la République le 17 janvier 1895 au 2ᵉ tour de scrutin, par 431 voix contre 361 données à M. Henri Brisson.

Achevé d'imprimer

DANS LES

ATELIERS DE L'IMPRIMERIE GÉNÉRALE DU SUD-OUEST

3, Rue Saint-Esprit, à BERGERAC

Le 30 Mai 1895.

Contraste Insuffisant
NF Z 43-120-14

VALABLE POUR TOUT OU PARTIE DU
DOCUMENT REPRODUIT

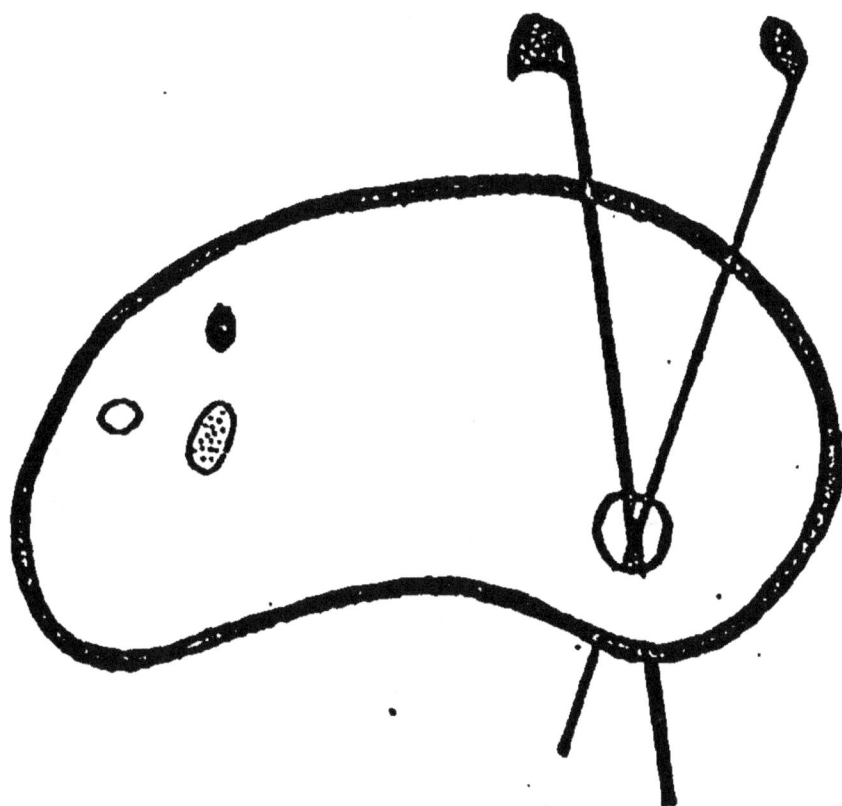

DEBUT D'UNE SERIE DE DOCUMENTS
EN COULEUR

✦ DISTILLERIE A VAPEUR ✦

FABRIQUE DE LIQUEURS ET SIROPS

LA DENOISE

(Propriété de la Maison)

Spécialité d'Anisette, de Triple-Sec
de Kummel

BERGERAKINA

Apéritif au quinquina pur

CHARLES DENOIX

DISTILLATEUR

RUE SAINTE-CATHERINE

BERGERAC

MAISON FONDÉE EN 1752

J^H VALETON S^{EUR}

Bonbons, Liqueurs des meilleures marques
Épicerie. — Droguerie. — Produits pour l'Agriculture

DÉPOT POUR TOUTE LA CONTRÉE

Des **SAVONS** si renommés : le SANS-RIVAL, le NORMAL, le TIGRE ;

Du **SIROP** pur sucre au délicieux goût d'Ananas, créé par Alex. DROZ, l'inventeur du Cacao-Chouva, et dénommé **le Drozana.**

Des **SOUFRES SCHLŒSING,** précipité à la Nicotine, spéciaux pour la destruction infaillible de tous les parasites de la Vigne ou des Céréales de toutes sortes.

Du **PAPIER A CIGARETTES** l'*ANTI-NICOTIQUE* à base de caféine et tannin, combattant efficacement les désordres produits sur l'organisme par l'usage du tabac.

Et d'un nombre trop considérable d'autres articles pour les énumérer ici.

La longue existence commerciale de la Maison est une garantie incontestable du choix heureux qu'elle a constamment su faire dans l'achat de ses produits dont la qualité n'a jamais déparé sa bonne renommée.

Tous les Produits, dès leur réception, sont consciencieusement dégustés ou essayés avant d'être livrés à la consommation.

PRODUIT RECOMMANDÉ

VIN DE PÉCHARMANT, CRU DE POMBONNE

PROPRIÉTÉ DE LA MAISON

Exposition Nationale, Bergerac 1891 Premier prix, MÉDAILLE D'OR

CAFÉ DE LA TERRASSE

Ouvert depuis le 6 Mai

RUE NEUVE-D'ARGENSON, PRÈS LE PALAIS DE JUSTICE

TENU PAR

M. VICTOR LABADIE

Consommations de Marques ❧ *Bières Brune & Blonde*

VASTE TERRASSE

Garage de bicyclettes.

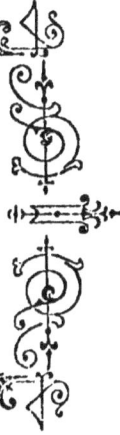

ATELIER DE RELIURE

J. DELAGE

Rue des Fontaines
BERGERAC

FABRIQUE DE REGISTRES

CARTONNAGES

BOITES DE BUREAUX

& DE CONFECTIONS

Encadrements en tous genres

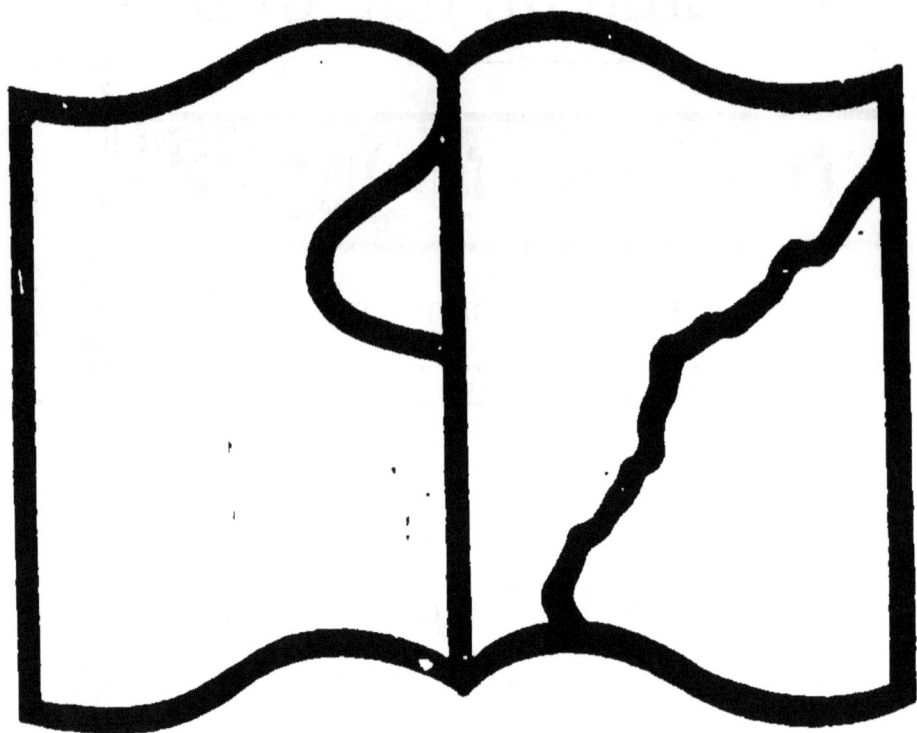

Texte détérioré — reliure défectueuse
NF Z 43-120-11

MANUFACTURE de

Pour Hommes, Jeunes Gens & Enfants

Voulez-vous un Costume bon marché, bien fait et de bonne qualité ? Adressez-vous

AUX FAMILLES ÉCONOMES

Place de l'Eglise-Neuve (en face le marché de la volaille)

BERGERAC

Quelques Prix seulement pris au hasard :

COSTUME COMPLET	Veston, Pantalon et Gilet, les trois pièces................	25 »
COSTUME COMPLET	En Cheviot noir ou bleu, les trois pièces..............	29 »
COSTUME COMPLET	Cheviot, plus belle qualité, les trois pièces................	35 »
COSTUME COMPLET	Pure laine, veston forme droite ou croisée.............	45 »
COSTUME COMPLET	Diagonales noires bleues ou en couleur........ **50, 60** et	70 »
COSTUME COMPLET	Pour jeunes gens, suivant qualité...... **15, 18, 20** et	22 »
COSTUME COMPLET	Pour enfant, genre marin ou autres....... **9, 12, 15** et	18 »
VESTON	Seul, forme droite diagonale bleutée, sacrifié à.......	12 »
VESTON	Seul, Cheviot bleu, belle qualité, article sacrifié à.................................. **15** et	18 »
PANTALON	Fantaisie, inusable, sacrifié au prix coutant.....	5 95
PANTALON	Disposition nouvelle, à la mode, **8, 10, 12, 15** et................................	18 »

GRAND ASSORTIMENT DE PANTALONS DE TRAVAIL

La Maison vend aussi aes Chemises faites et à faire, des Caleçons, Tricots, Mouchoirs, Toiles, Serviettes, Rideaux, Corsets, Etoffes pour Robes, Mérinos, Flanelles, Calicots, Cotonnades, etc., etc.

CADEAU Toute personne qui achète pour **50** fr. en une ou plusieurs fois, reçoit, comme Cadeau, un beau Tableau sous verre avec joli encadr., ou un bon pour se faire photographier gratuitement.

La Maison vend aussi du Cadis de Pombonne

DROGUERIE
Vᵛᵉ GRASSET

Place du Marché-Couvert, BERGERAC

PRODUITS CHIMIQUES

Matières premières pour Liquoristes.

Thés. — Doses pour sirops. — Herboristerie, etc., etc.

COULEURS ET VERNIS

Peintures prêtes à employer. Brosserie. Pinceaux. Plumeaux

Toiles, Brosses, Vernis et tous les accessoires de la marque LFFRANC
pour la peinture artistique.

Produits Chimiques et accessoires pour la photographie

ACIDES, SULFATES DE FER, DE CUIVRE, ETC.

ENTREPOT DE VERRES A VITRES DU NORD

HUILES de colza, de lin,

de naphte, de vaseline, etc.

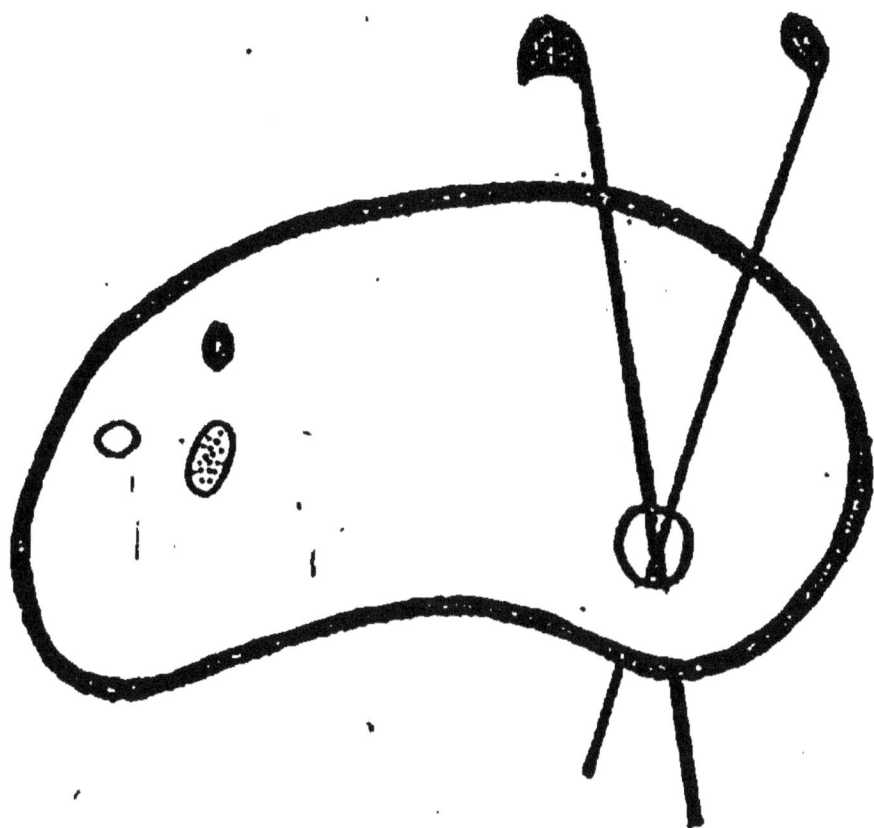

FIN D'UNE SERIE DE DOCUMENTS
EN COULEUR

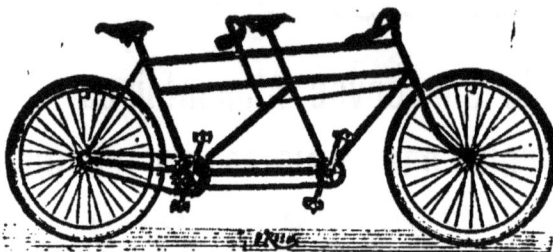

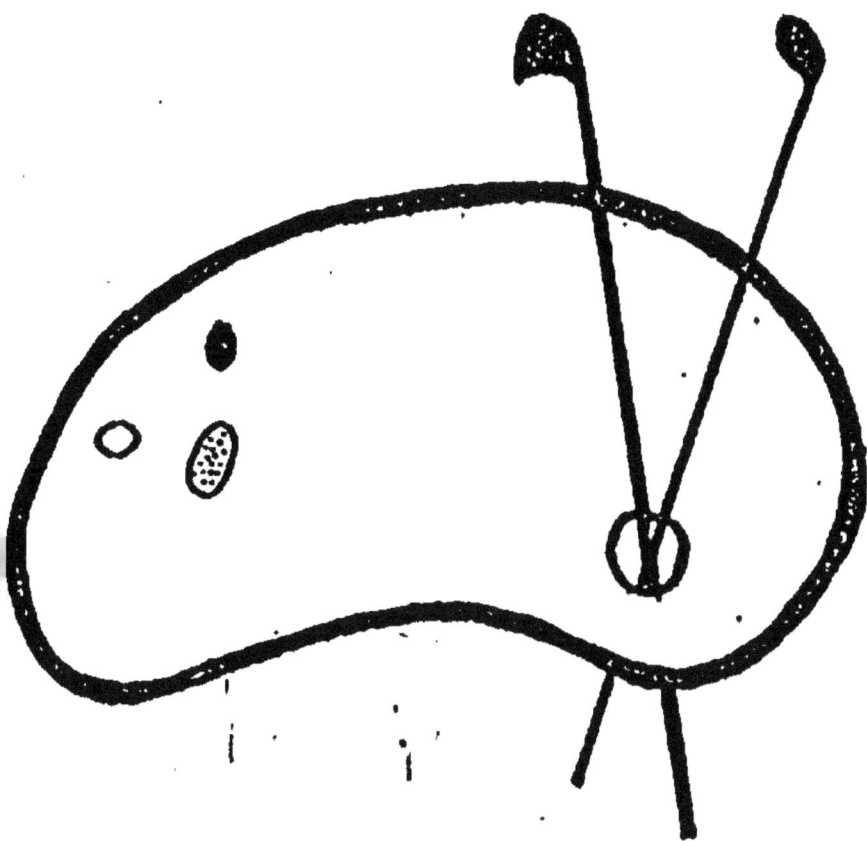

DEBUT D'UNE SERIE DE DOCUMENTS
EN COULEUR

PIERRES MEULIÈRES
DE LA DORDOGNE

Carrières de Saint-Nexans, Domme et Larrecal

ENTREPOT A BERGERAC

En face la Gare des Voyageurs

DELPÉRIER & FILS

FABRICANT DE MEULES

A SAINT-AUBIN-D'ISSIGEAC

(Dordogne)

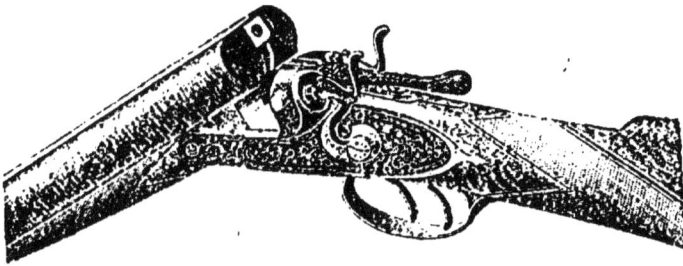
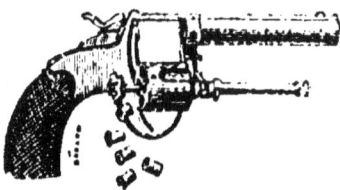
297

Kola-Guy

TONIQUE — APERITIF

Seuls Concessionnaires : L. PÉLALO & Cie

ANISETTE MÉRIDIONALE

L. PÉLALO BERGERAC

Bergerac. - Imprimerie Générale (J. Castanet), 3, rue Saint-Esprit.

294

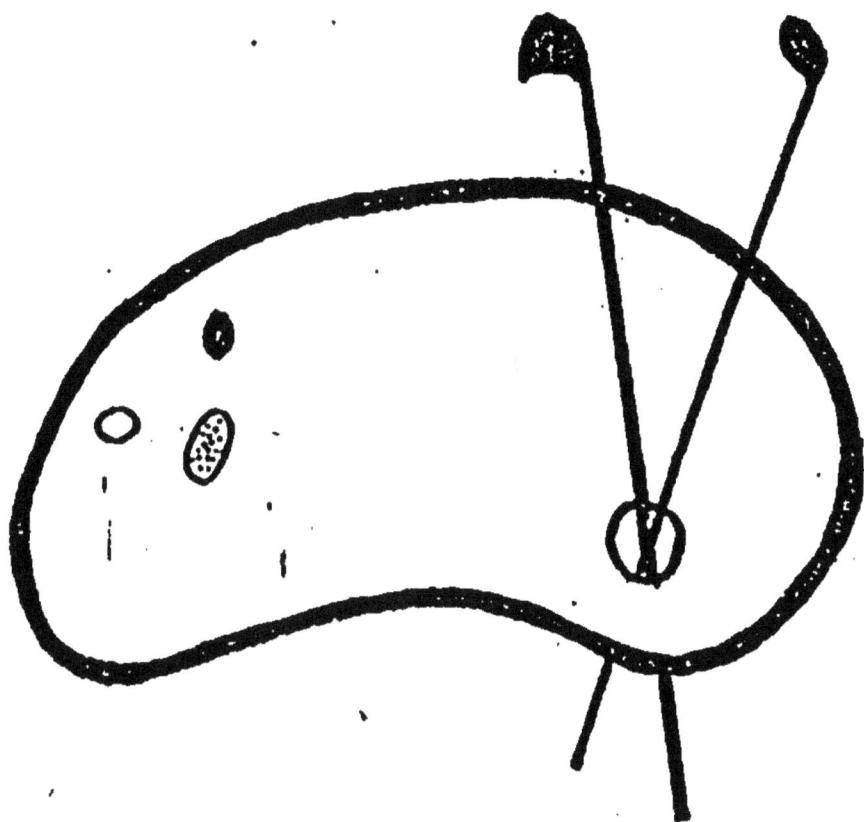

FIN D'UNE SERIE DE DOCUMENTS
EN COULEUR

www.ingramcontent.com/pod-product-compliance
Lightning Source LLC
Chambersburg PA
CBHW051720090426
42738CB00010B/2013